笑って楽しい！高齢者レクリエーション

大道芸人 **たっきゅうさん** 著

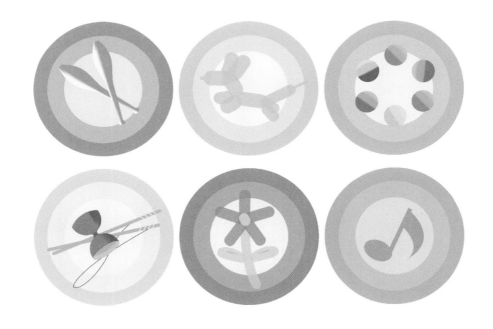

法研

はじめに

「レクリエーションを通じて高齢者のみなさんに楽しい時間を過ごしてほしい」
「高齢者の方がみんなで笑って楽しめるレクリエーションのやり方を知りたい」

　本書は、高齢者施設の職員の方々のこのような声にお応えして、多様な高齢者レクリエーションのアイデアをお伝えするもので、一部ご家庭で楽しめるレクリエーションも用意しました。

　私は、プロの大道芸人、笑いの体操のインストラクターとして、さまざまな高齢者施設を訪問して、レクリエーションの時間を笑いで盛り上げる活動を精力的に行ってきました。どのようなレクリエーションを実施したら高齢者のみなさんに笑って楽しんでもらえるか、日々悩んでいらっしゃる高齢者施設の職員の方も多いと思います。本書では、そのような方に、大道芸をモチーフにしたレクリエーションのアイデアや、笑いの体操の実践法をお教えしたいと思います。

　大道芸でよく用いるお手玉や風船は、ちょっとした工夫やアレンジをすることによって、高齢者施設に最適なレクリエーションの素材になります。本書ではお手玉や風船のレクリエーションでの活かし方を多数収録しています。それ以外にも、ほとんど練習なしでできる簡単なマジックや、一発芸を簡単にアレンジしたゲームなどを掲載しています。また、笑いを取り入れた体操も収録しました。これらの内容はだれでも笑って楽しめるものばかりです。
　また、いざレクリエーションを実践しようとすると、このように思

大道芸で人気を集める
たっきゅうさん

う方もいるかもしれません。

「どうやってレクリエーションを進行したら盛り上げられるかわからない」
「どうしたら高齢者の方が笑って楽しめるだろうか」

本書では、私が大道芸人として培った場を盛り上げ、楽しんでもらうノウハウをみなさんとシェアしたいと思います。笑わせたり盛り上げたりすることは、決して難しいことではありません。ちょっとしたコツさえつかんでもらえれば、だれでも盛り上げ上手になることができます。

本書を通じて、ぜひ高齢者レクリエーションの達人を目指していただければと思います。一人でも多くの高齢者のみなさんが毎日笑って楽しく過ごせるきっかけになれば、私にとってそれが一番の喜びです。

大道芸人　たっきゅうさん

実技ページの見方

- その章のレクリエーションの番号
- レクリエーションの種類
- 用意するもの
- レクリエーションの名称
- レクリエーションの概要
- もっと楽しむためのポイント

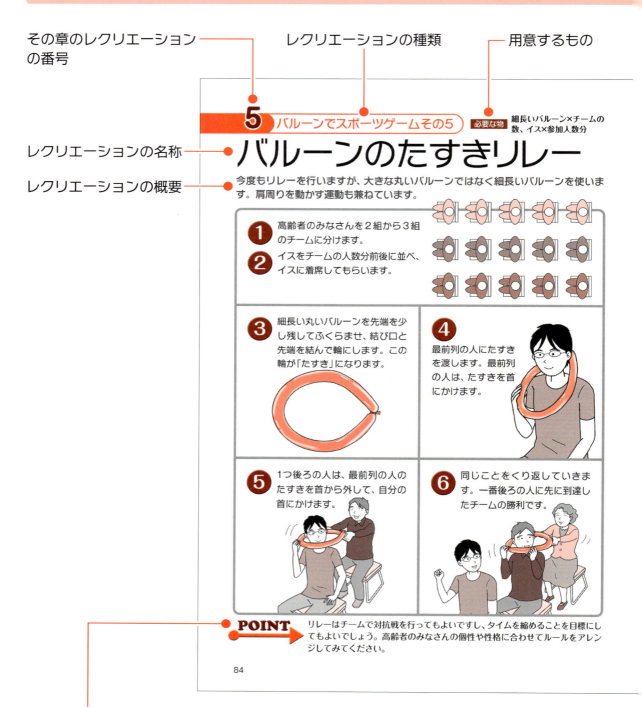

⑥ バルーンでワイワイレクリエーションその1

必要な物　細長いバルーン×2

バルーンでダーツ

だれもが子どものころに一度は遊んだことがあるダーツゲームをバルーンで再現しました。飛び切り簡単な遊びですが、かなり熱中しますよ。

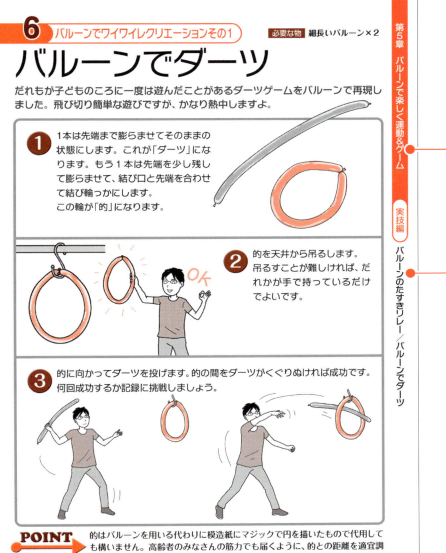

① 1本は先端まで膨らませてそのままの状態にします。これが「ダーツ」になります。もう1本は先端を少し残して膨らませて、結び口と先端を合わせて結び輪っかにします。この輪が「的」になります。

② 的を天井から吊るします。吊るすことが難しければ、だれかが手で持っているだけでよいです。

③ 的に向かってダーツを投げます。的の間をダーツがくぐりぬければ成功です。何回成功するか記録に挑戦しましょう。

POINT 的はバルーンを用いる代わりに模造紙にマジックで円を描いたもので代用しても構いません。高齢者のみなさんの筋力でも届くように、的との距離を適宜調整するようにしてください。

笑って楽しい！
高齢者レクリエーション

もくじ

はじめに ……………………………………………………………………………………2
実技ページの見方 …………………………………………………………………………4

第1章　見直そう！笑って楽しいレクリエーションの力　11

・今「笑い」の力が注目されています！
・笑いの持つさまざまな効能
・笑って楽しめるレクリエーションが高齢者のADLの向上に役立つ
・きんさん、ぎんさんに続け！
・笑わせるのは難しい⁉　いえいえ、コツをつかめばだれでもできます！

レクリエーションを楽しく盛り上げるコツ

その1　だれよりも自分自身が楽しむ ……………………………………………16
その2　明るい笑顔を心がける ……………………………………………………17
その3　高齢者のペースを最大限尊重する ………………………………………17
その4　説明はボディランゲージも交えながらわかりやすく、ゆっくり丁寧に…18
その5　上手く行ったときは褒める ………………………………………………18
その6　失敗しても否定しない ……………………………………………………19
その7　参加したがらない人に強制はしないが常に目をかける …………………19

第2章　レクリエーションの計画と実施　21

・目標を明確にする
・A-PIEプロセスを意識する
・レクリエーションの事前評価
・レクリエーションの計画
・レクリエーションの実施
・レクリエーションの評価

アセスメント表 ……………………………………………………………………………26
アセスメント表（記入例）…………………………………………………………………27
レクリエーション年間計画表 ……………………………………………………………28

レクリエーション年間計画表（記入例）	29
レクリエーション月間計画表	30
レクリエーション月間計画表（記入例）	31
レクリエーション実施計画表	32
レクリエーション実施計画表（記入例）	33
レクリエーション振り返りシート	34
レクリエーション振り返りシート（記入例）	35
COLUMN 笑いと健康① B&Bと糖尿病	36

第3章 笑って体を動かすニッコリ健康体操　37

・笑って体を動かして、身も心もリフレッシュしましょう
・哲学者の名言は現代科学で正しいと証明されています
・日常生活動作の維持・向上の可能性も
・実際に行う際は、バランスよく、短めに
・体が不自由な方は無理のない範囲で

●実技編

笑って腹式呼吸をする体操
① その1　笑いながらハヒフヘホ　40
② その2　王様・淑女になって笑おう　41

表情筋を動かす体操
③ その1　ムンクの叫び　42

脳トレにもなるエクササイズ
④ その1　指クルクル　43
⑤ その2　グーパー　44
⑥ その3　右・左　45

全身を動かす体操
⑦ その1　全身をさすろう　47
⑧ その2　あいさつ体操　48
⑨ その3　クロール体操　49
⑩ その4　平泳ぎ体操　50
⑪ その5　ボート漕ぎ　51
⑫ その6　バンザイユラユラ　52
⑬ その7　ボクシング体操　53
⑭ その8　お尻トントン　55
⑮ その9　太もも体操　56

⑯ その10　ウォーキング体操 ……………………………………………………… 57
リラックスする呼吸法
⑰ その1　腹式呼吸 …………………………………………………………………… 58
⑱ その2　片鼻呼吸 …………………………………………………………………… 59
COLUMN　笑いと健康②　認知症予防と笑い ……………………………… 60

第4章　バルーンでアート作品作り　61

・色鮮やかなバルーンは心もお部屋も華やかにします
・形の違うバルーンを組み合わせてさまざまな作品を
・本書で用いるバルーンの種類
・両面テープやマジックなどの小道具も大活躍
・役割分担しながらコミュニケーションをとりましょう
・バルーンを扱うときの注意点
・細長いバルーンのひねり方の基本
・バブルの固定の仕方その1　ロックツイスト
・バブルの固定の仕方その2　ループツイスト

●**実技編**
1本で作るバルーンアート
❶ その1　ハート ……………………………………………………………………… 66
❷ その2　犬 …………………………………………………………………………… 67
❸ その3　バナナ ……………………………………………………………………… 68
❹ その4　ナス ………………………………………………………………………… 69
複数のバルーンで作るバルーンアート
❺ その1　お花 ………………………………………………………………………… 70
❻ その2　リング ……………………………………………………………………… 72
❼ その3　リース ……………………………………………………………………… 73
❽ その4　お寿司（マグロ） ………………………………………………………… 74
❾ その5　雪だるま …………………………………………………………………… 75
❿ その6　お魚 ………………………………………………………………………… 76

第5章　バルーンで楽しく運動＆ゲーム　77

・バルーンは運動やゲームの素材としても使えます！
・バルーンなら安心。さまざまなゲームに応用できます！

・この章で使うバルーンの種類
・周囲には十分注意を
● **実技編**

バルーンでスポーツゲーム
① その1　バルーンバレー ……………………………………………… 79
② その2　バルーンでピンポン …………………………………………… 80
③ その3　イスくぐらせリレー …………………………………………… 81
④ その4　バルーンで野球盤 ……………………………………………… 82
⑤ その5　バルーンのたすきリレー ……………………………………… 84

バルーンでワイワイレクリエーション
⑥ その1　バルーンでダーツ ……………………………………………… 85
⑦ その2　バルーンで糸電話 ……………………………………………… 86
⑧ その3　タイムドカン …………………………………………………… 88
⑨ その4　落とさずあおごう ……………………………………………… 90
⑩ その5　バルーンで玉入れ ……………………………………………… 91

COLUMN　笑いと健康③　介護と笑い …………………………………… 92

第6章　お手玉を使ったレクリエーション　93

・お手玉は最高のレクリエーション素材
・お手玉にもさまざまな種類がある
・自分のペースで楽しむことを最優先に
・少し難しいことにもあえて挑戦しましょう
・集団で行うゲームではチーム分けに工夫を
● **実技編**

1人でも楽しめるお手玉
① その1　1つ投げてキャッチ …………………………………………… 96
② その2　手の甲でキャッチ ……………………………………………… 97
③ その3　手を叩いてキャッチ …………………………………………… 98
④ その4　ひじに当ててキャッチ ………………………………………… 99
⑤ その5　頭でバランス …………………………………………………… 100
⑥ その6　頭から落としてキャッチ ……………………………………… 101
⑦ その7　背中でキャッチ ………………………………………………… 102
⑧ その8　紙コップでキャッチ …………………………………………… 103
⑨ その9　お手玉でフライパン返し ……………………………………… 104
⑩ その10　両手で2個同時投げ …………………………………………… 105

⑪ その11　片手で2個同時投げ …………………………………… 106
⑫ その12　2個でザ・お手玉 ……………………………………… 107

2人で楽しめるお手玉
⑬ その1　向かい合ってキャッチ ………………………………… 108
⑭ その2　お手玉でホールインワン ……………………………… 109

みんなで楽しめるお手玉
⑮ その1　箱に何個入るか競争 …………………………………… 110
⑯ その2　お手玉で的当てゲーム ………………………………… 111
⑰ その3　お手玉でビンゴゲーム ………………………………… 112
⑱ その4　お手玉でつみき崩し …………………………………… 113
⑲ その5　お手玉でお山崩し ……………………………………… 114

第7章　他にもまだある。簡単レクリエーション　115

・簡単にできるレクリエーションはまだまだあります
・マジックは実演するだけでも、一緒に練習しても楽しい
・皆でワイワイ楽しめるのが一発芸の魅力

●実技編

簡単マジックレクリエーション
❶ その1　浮かぶ割りばし ………………………………………… 117
❷ その2　消えるボールペン ……………………………………… 118
❸ その3　エレベーターカード …………………………………… 119
❹ その4　裏返るトランプ ………………………………………… 121

一発芸レクリエーション
❺ その1　真剣白刃取り …………………………………………… 124
❻ その2　サイコロ積み …………………………………………… 125
❼ その3　10秒当てゲーム ………………………………………… 126
❽ その4　テーブルクロス引き …………………………………… 127
❾ その5　ふとんたたきでバランス芸 …………………………… 128
❿ その6　皿回し …………………………………………………… 129
⓫ その7　コップの早積み ………………………………………… 130

第1章

見直そう！笑って楽しいレクリエーションの力

今「笑い」の力が注目されています！

　超高齢化社会を迎えるにあたって、笑いの持つパワーが注目されています。高齢者施設においても、高齢者のみなさんに笑って楽しんでもらえるようさまざまな取り組みが行われるようになってきています。いきなりですが、みなさんにこんな質問をしてみたいと思います。

「一日にどのくらい声に出して笑っていますか？」

　笑うのはだれにでもできそうな行為ですが、いざ聞かれるとあまり意識したことがなかったという方が圧倒的に多いのではないかと思います。ある統計によると、大人は一日に平均10回から15回くらい笑うそうです。子どもはもっと笑い、多い時には一日に300回から400回笑うとも言われています。ですが、歳をとるにつれてだんだん笑わなくなる傾向にあります。とくに高齢者の方は一日に1回も笑わないという人もかなりの割合でいます。

　歳をとるにつれて笑わなくなる背景には、高齢者の一人暮らし世帯が増えていることや、ご近所づきあいが希薄になっていることなど、人と人との絆を実感しにくくなっている社会情勢があります。生活から笑いが失われると、人生にハリがなくなり、生きがいを失ってしまうといったより深刻な問題を引き起こします。高齢者の「**QOL（生活の質）**」を高めるために、笑いのあふれる日常を過ごせることはとても大切なことです。

笑いの持つさまざまな効能

　「**笑う門には福来る**」という諺にもあるとおり、笑うことが良いことだというのは昔からよく知られていたことでした。最近になって、笑いがさまざまな効能を持つことを裏付ける科学的な研究が盛んになってきました。笑うことは実は心身の健康にも欠かせないことなのです。

　そんな科学的な研究をひとつご紹介しましょう。

　1991年に、吉本興業のかの有名な「なんばグランド花月」にてある実験が行われました。そこでは、がんや心臓病の患者を含む19名の男女が吉本新喜劇を鑑賞して大笑いしました。吉本新喜劇が始まる前と終わった後に血液検査を行った結果、免疫の機能を示す目安であるNK活性が正常値よりも低かった人は観劇後に全員正常値の範囲まで上昇し、逆に正常値

より高かった人の大半が観劇後に正常値の範囲まで下がりました。笑いには短期間で免疫を整える働きがあることが明らかになったのです。
※参考資料　伊藤一輔『よく笑う人はなぜ健康なのか』日本経済新聞出版社　2009年

　他にもこんな実験もあります。リウマチの患者さんを集めて落語を鑑賞してもらい、落語の前後で同じように採血を行いました。
　落語を披露したのは笑点でもおなじみの林家木久蔵（現・木久扇）師匠です。師匠の落語を聞いてやはり会場は大爆笑でした。
　採血の結果、落語を聞く前よりも、痛みを表す成分とストレスホルモンの数値が大幅に改善しました。採血と同時に痛みの程度を自己申告してもらいましたが、この自己申告の結果も非常に良いものでした。
　もちろん、笑えばリウマチがたちまち消えてなくなるというわけではありません。ですが、リウマチは精神の状態が症状にも影響を与えると言われる病気で、笑うことによって精神の状態が改善し、それが痛みの減少につながったと推察されます。

　このように、笑うことを通してストレスの少ない状態でいると、体の痛みにも良い影響が出ることが明らかになりました。このエピソードは、私も高齢者施設で実際に高齢者のみなさんにお話ししています。このお話に感銘を受けたある方は、できるだけ笑ってストレスをためないようにしたいと言いながら、デイサービスでのリハビリに熱心に励むようになりました。ちなみに、この実験の結果は木久蔵師匠にとっても大変うれしい結果です。木久蔵師匠は結果を聞いてこう言ったそうです。

「笑いは病気にキクゾー」

　落語家の師匠らしい洒落のきいた名言ですね。
　このような科学的な実験は他にもあります。例えば、糖尿病の患者さんの血糖値の抑制に笑いが効果的である、アトピーのアレルギーにも効果的であるといった研究が報告されています。また、笑うことによって抑うつ傾向が改善したり、睡眠の質が良くなるといった健康効果もあります。
※参考資料　昇幹夫『最新版 笑いは心と脳の処方せん』二見書房　2015年

　笑いの持つ効能は身体だけにとどまりません。笑うことを日常的に意識することによって、人と人との絆を実感しやすくなる効果があります。人と人との絆を実感することは、自

分自身の健康状態を改善したり、幸福感を高めることにもつながります。このように、笑うことは心身の健康に欠かせない要素なのです。

笑って楽しめるレクリエーションが高齢者のADLの向上に役立つ

　笑うことが高齢者のQOLの向上に必要不可欠であることはご理解いただけたかと思います。それでは高齢者のみなさんに実際に笑ってもらうためにはどうすれば良いのでしょうか？　答えは楽しいレクリエーションを実施することです。

　レクリエーションの時間は、高齢者のみなさんが一堂に集まるコミュニケーションの時間でもあります。もし高齢者のみなさんが楽しめるレクリエーションを行うことができれば、高齢者のみなさんから自然と笑顔があふれ出てくることでしょう。高齢者の方同士で楽しい時間を共有することができれば、コミュニケーションも盛んになり、人と人との絆を実感できます。高齢者施設におけるレクリエーションの重要性は、今後ますます高まっていくことでしょう。本書では、高齢者のみなさんが笑って楽しい時間を共有できるようなレクリエーションのアイデアを多数紹介します。

　また、高齢者レクリエーションは内容によっては運動やリハビリの効果を期待できるものもあります。レクリエーションを通じて「ADL（日常生活動作）」の維持、向上を図ることさえ可能です。

本書でもそのような効果を期待できるレクリエーションのアイデアもいくつか取り上げています。レクリエーションを通じて高齢者の方々が、自分でできることが増える喜びを感じてくれれば嬉しいです。日常生活の中でも新たなことに挑戦しようという意欲をもち、生きがいの向上にもつながっていくことでしょう。

きんさん、ぎんさんに続け！

　100歳の双子姉妹としてお茶の間で人気者となったきんさん、ぎんさんのことを憶えていますでしょうか？　CMでのお元気な姿は今でも私の目に焼きついています。ところで、きんさんぎんさんは80代、90代の若い(？)ころからずっとお元気だったというイメージがある方も多いと思いますが、実は100歳を過ぎてテレビに出るようになったころから、よりお元気になったそうです。

　いちやく時の人として有名になったことで、人と会いお話をする機会が増え、新しいことにどんどん挑戦するようになったことがその要因です。まさに笑いの効能ここにありといったところでしょうか。

　高齢者レクリエーションには、笑うことを通して人との会話が増えたり新たなことにチャレンジする意欲を高めたりする効果が期待できます。みなさんが施設の方でしたら、ぜひ楽しい高齢者レクリエーションを実施して、第二、第三のきんさん、ぎんさんを多数輩出させてください。ちなみに、きんさん、ぎんさんがテレビに出演した際に、アナウンサーの方に出演料を何に使うか尋ねられました。その時にきんさんぎんさんはこう答えたそうです。

　　「今日の出演料は、老後の貯金です」

　いくつになっても笑いを忘れないのが、長生きの秘訣なのかもしれませんね。

笑わせるのは難しい!?
いえいえ、コツをつかめばだれでもできます！

　ここまでのお話で、レクリエーションを通じて高齢者のみなさんに笑って楽しんでもらうことがいかに重要であるか、ご理解いただけたかと思います。ですが、いざレクリエーションを実践しようとすると、こんな思いが頭をよぎるかもしれません。

「いったいどうすれば場を盛り上げることができるのだろう…」
「芸人みたいに笑わせるのは私には無理だと思う…」

　実際に私もこのような相談を受けたことがあります。笑わせたり盛り上げたりするのはとても難しいことだと思っている方も多いです。でも安心してください。ちょっとしたコツさえつかめば決して難しいことではなく、だれでも高齢者のみなさんに笑ってもらうができます。ここからは、レクリエーションを楽しく盛り上げるためのコツをお話ししたいと思います。

レクリエーションを楽しく盛り上げるコツ　その1
だれよりも自分自身が楽しむ

　最初にして最大のコツは、自分自身がレクリエーションの進行を楽しみながら行うことです。段取り良く進めることや失敗しないようにすることに気を揉むあまり、自分が楽しむことをつい忘れてしまいがちです。

　レクリエーションを進行する際には、まずは自分自身も高齢者のみなさんと一緒に楽しむことを意識しましょう。笑顔は人から人へと伝染する効果があります。あなたが常に笑顔で楽しんでいれば、自然と高齢者も笑顔になります。

　それから、相手の心を開いてもらうために一番有効な方法は、まず自分が相手に対して心を開くことです。自分が楽しんでいる姿を見せることによって、高齢者のみなさんも心を開いてくれることでしょう。

　段取りで多少失敗したって気にすることはありません。むしろ失敗もご愛嬌。楽しむことさえ忘れなければ、失敗すら笑いに変えることができます。

レクリエーションを楽しく盛り上げるコツ　その2
明るい笑顔を心がける

　レクリエーションを盛り上げようと頑張るあまり、つい真面目な表情になっていませんか？　真面目なのは決して悪いことではないですが、笑顔を心がけることによって、場の雰囲気が明るくなります。簡単に笑顔を作り出すコツは、普段よりちょっと口角をあげてみることです。どんなときでも笑顔を心がけてみましょう。

レクリエーションを楽しく盛り上げるコツ　その3
高齢者のペースを最大限尊重する

　レクリエーションの目的は、何かを上手にやることではなく、高齢者のみなさんが楽しい時間を過ごしてもらうことです。そのために、高齢者のみなさんのペースを最大限尊重するようにしましょう。高齢者のみなさんが何か困っていることはないか、疲れていないかなど、一人ひとりの様子をよく観察して、一人ひとりに合ったペースでレクリエーションに取り組んでもらうことが大切です。

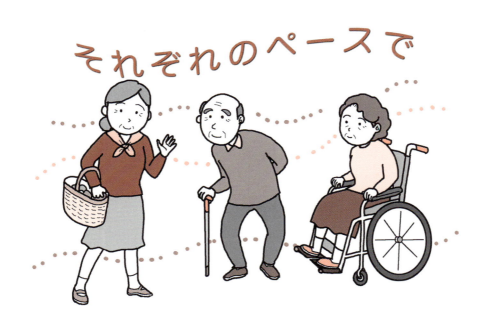

レクリエーションを楽しく盛り上げるコツ　その4
説明はボディランゲージも交えながらわかりやすく、ゆっくり丁寧に

　高齢者のみなさんが戸惑うことなくレクリエーションに参加してもらえるように、内容の説明をする際には、わかりやすくゆっくりと丁寧に話すことを心がけましょう。場合によっては身振り手振りやボディランゲージを交えながら話すと、相手に内容がより伝わりやすくなります。

　高齢者のみなさんが内容を理解してくれているか、よりわかりやすい表現にできないか、常に考えておくことはとても重要です。

レクリエーションを楽しく盛り上げるコツ　その5
上手く行ったときは褒める

　高齢者のみなさんがレクリエーションの内容を上手にこなすことができたときには、ぜひ「すごいですね」「上手でしたね」と声をかけるようにしてみてください。

　肯定的な言葉をかけることによって、場が和んで明るくなり、高齢者のみなさんのレクリエーションに対する参加意欲をよりいっそう高めることができます。レクリエーションでのちょっとした成功体験がきっかけになって、高齢者の方が他のことにも意欲的になれば、レクリエーションは大成功です。

レクリエーションを楽しく盛り上げるコツ　その6
失敗しても否定しない

　先ほどとは逆で、高齢者のみなさんがレクリエーションをなかなか上手に行うことができないケースも出てくると思います。そのようなときに、高齢者に否定的な言葉をかけないようにすることが大切です。

　レクリエーションの目的は、あくまで楽しい時間を過ごしてもらうことであり、うまく行うことではありません。周りの人と比べず、自分のペースでできる範囲で楽しんでもらえれば良いということを伝えるようにします。もし当初予定していた内容が一部の参加者にとって難しすぎるようであれば、より簡単に行えるようにその場でアレンジするなどの機転を利かせることも重要です。

レクリエーションを楽しく盛り上げるコツ　その7
参加したがらない人に強制はしないが常に目をかける

　高齢者の中には、レクリエーションに参加したがらない人もいるかもしれません。子どもではないので、そのような方がいたら気持ちを尊重して無理に参加してもらわなくてもよいと私は考えています。

　ですが、レクリエーションを実施している最中にも、参加していない人にも目をかけることを忘れないでください。もしレクリエーションに興味を持っているようであれば、途中からでも声をかけると、意外と参加してくれるものです。

また、レクリエーションで楽しそうにしていれば、最初は恥ずかしがって参加したくないと言っていた人も、その様子を見て案外興味を持ってくれるものです。強制はしないがいつでもウェルカムという気持ちでいるとよいでしょう。

　以上、レクリエーションを楽しく盛り上げるための7つのコツについてお話ししました。大事なのは高齢者のみなさんと職員、あるいは高齢者のみなさん同士のお互いの信頼関係です。レクリエーションを通じてお互いの信頼関係を築くことができれば、高齢者施設はいつでも笑顔の絶えない空間になることでしょう。

第2章

レクリエーションの計画と実施

目標を明確にする

　この章では、レクリエーションを楽しく実施するための計画から実施までの流れについて取り上げます。高齢者施設ですぐに使える表もたくさん用意しましたので、ぜひ活用してください。

　各回のレクリエーションの内容を計画するときに、目標や狙いをはっきりさせると、内容のイメージが膨らませやすくなります。
　例えば集団で行うレクリエーションの場合、高齢者同士がコミュニケーションを図れるようにするといった目標を立てるのは、非常に良い例です。
　また、運動やリハビリの要素を兼ねたレクリエーションならば、高齢者の残存機能を見出し、維持・向上することを目標にしてもよいでしょう。

　ただ、実際にレクリエーションを実施する際には、目標や狙いはあまり高齢者には伝えないようにしたほうがよいです。
　高齢者が目標を達成することばかりに気を取られてしまうと、せっかくのレクリエーションの機会を十分に楽しめなくなってしまう恐れがあります。
　あくまで高齢者がレクリエーションを楽しめることが一番大切だということは、常に意識しておいてください。レクリエーションの意義を伝えることによって高齢者の参加意欲を引き出すことが可能な場合は、意義について積極的に話してもよいです。

例えば、笑いの体操を行うときには、「この体操は全身を伸ばすことによって運動したのと同じような効果がある」と伝えれば、高齢者はより積極的に体操に参加するようになるでしょう。

A-PIEプロセスを意識する

　レクリエーションの計画・実施を行う際には、「**A-PIE（エーパイ）プロセス**」を循環させることを意識するとよいです。A-PIEプロセスという言葉は聞きなれない言葉かもしれませんが、「**事前評価**（Assessment）」→「**計画**（Planning）」→「**実施**（Implementation）」→「**評価**（Evaluation）」の一連の過程からなるプロセスのことを言います。ここからは各段階で気をつけることを見ていきましょう。

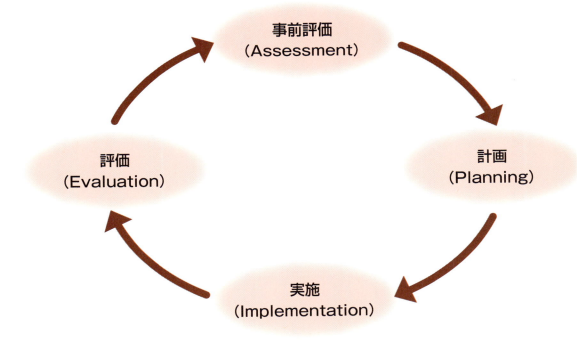

レクリエーションの事前評価

　事前評価の段階では、**高齢者個人や性格やグループの特徴、高齢者施設にどのようなニーズがあるのか、高齢者がレクリエーションに対してどんな思いを持っているのか**等を把握します。26ページのような**アセスメント表**を作って、予めこれらについて記入しておき

ます。事前評価をしっかりと行うことによって、どのようなレクリエーションが望まれているか想像しやすくなります。

レクリエーションの計画

　計画は、「**年間計画**」、「**月間計画**」、「**各回の計画**」に分けて行います。
　年間計画を立てる際には、みんなのお誕生日会のように毎月一度は行いたいものや季節行事（クリスマス会、敬老会、ひな祭り、節分など）、年間を通じて取り組みたい内容をまずピックアップします。
　これらの行事のおおよその日程をまず決めてしまい、それ以外にレクリエーションを実施することが可能な日時が取れるかを決めていきます。その上で内容が偏らないように大まかな実施内容を決めていきます。28ページのような「**年間計画表**」を用意しておくとよいでしょう。

　「月間計画」を立てるときには、年間計画で決めた季節行事や定期的に行いたい行事・内容をまずピックアップし、何日に行うか決めます。その後、施設の行事や職員の手の空き具合などとの兼ね合いを見つつ、空いている日のレクリエーションの内容を決めます。目標や狙いの異なるレクリエーションをバランス良く配置すると、内容に偏りがなくなります。30ページのような「**月間計画表**」を作り、計画を記入します。

　各回のレクリエーションの内容を計画するときには、**参加対象者**、**実施場所**、**担当者**、**準備物**、**タイムスケジュール**等を決めます。32ページのような「**実施計画表**」を作って、予め記載しておくとよいでしょう。

レクリエーションの実施

　レクリエーションを実施するときには、第1章の盛り上げるためのコツを参照しながら、場の雰囲気に合わせて臨機応変に対応します。参加者の様子を見ながら内容をその場でアレンジするといった工夫も必要です。

レクリエーションの評価

　レクリエーションの実施終了後には、内容の評価を行います。
予め34ページのような「**レクリエーション振り返りシート**」を用意し、**参加者**、**担当者**、**当日の流れ**等を記録します。

　その後、感想や改善するべき点、次回注意するべき点等を振り返っていきます。
　　より具体的には、
・高齢者の意欲や反応はどのような感じだったか
・段取りどおりに行かなかったところはないか
・内容をアレンジしたほうがよかったところはないか
・高齢者との接し方で気をつけたほうがよいところはないか
　などをチェックし、記録します。
　高齢者に直接感想を聞いてもよいでしょう。

　レクリエーションの評価を終えたら、評価の内容を事前評価、計画、実施の各段階へとフィードバックし、必要であれば各段階の見直しを行います。A–PIEプロセスを何回も回して内容の改善をくり返すことによって、高齢者がより笑って楽しめるレクリエーションを実施することが可能になります。

アセスメント表

記録日 _____

記録者 _____

参加対象者　　男性（　　　　　）名　　女性（　　　　　）名　　計（　　　　　）名

● 参加対象者の性格やお元気度

● 施設のレクリエーションに対する要望

● 参加対象者のレクリエーションに対する要望

● 予想される参加態度・その他

※コピーしてご利用ください

アセスメント表（記入例）

記録日　　12月1日

記録者　　山本ひでお

参加対象者　　男性（　3　）名　　女性（　6　）名　　計（　9　）名

●参加対象者の性格やお元気度

車いすの方が2名いらっしゃる。
金田さんや山崎さんは割と社交的で、よくおしゃべりされている。
小林さんは一人で読書されていることが多く、あまり人とかかわることが好きではないようだ。

●施設のレクリエーションに対する要望

お元気で動ける方はレクリエーションに積極的に参加されるが、そうでない方は円の外で見学しているだけのことが多い。なるべく全員が参加できるようなレクリエーションを実施してほしい。

●参加対象者のレクリエーションに対する要望

最近同じ内容のレクリエーションばかりなので、違うことをやってみたいと言う方がいらっしゃる。
レクリエーションよりテレビを見ていたいという方もいる。

●予想される参加態度・その他

とくに社交的な方は積極的に参加してくれそうだが、集団的活動の苦手な方はなかなか参加したがらないかもしれない。

レクリエーション年間計画表

	第1週	第2週	第3週	第4週	第5週
月					
月					
月					
月					
月					
月					
月					
備考					

※コピーしてご利用ください

レクリエーション年間計画表（記入例）

	第1週	第2週	第3週	第4週	第5週
10月	健康体操	お手玉レク（個別レク）	芋煮会	音楽遊び	誕生日会
11月	健康体操	バルーンで運動（個別レク）	七五三（お孫さんへのプレゼント作り）	もみじ狩り	誕生日会
12月	健康講座（風邪予防）	バルーンアート（個別レク）	健康体操	クリスマス会	誕生日会
1月	お正月遊び（福笑い等）	音楽遊び（個別レク）	健康体操	マジック体験	誕生日会
2月	豆まき	お手玉レク（個別レク）	健康体操	音楽遊び 誕生日会	
3月	ひな祭り	梅の花鑑賞会（個別レク）	健康体操	バルーンアート	誕生日会
4月	お花見	（個別レク）	健康体操		誕生日会
備考	個別レクは参加者が各自内容を選択				

レクリエーション月間計画表

月	曜日	施設会議・行事	レクリエーション予定	備考（お誕生日など）
1日				
2日				
3日				
4日				
5日				
6日				
7日				
8日				
9日				
10日				
11日				
12日				
13日				
14日				
15日				
16日				
17日				
18日				
19日				
20日				
21日				
22日				
23日				
24日				
25日				
26日				
27日				
28日				
29日				
30日				
31日				

※コピーしてご利用ください

レクリエーション月間計画表(記入例)

12月	曜日	施設会議・行事	レクリエーション予定	備考(お誕生日など)
1日		セクション会議		
2日				
3日			健康講座(風邪予防)	
4日				田中たけしさんお誕生日
5日			お手玉レク	
6日				
7日			個別レク	
8日				
9日				
10日			バルーンアート	
11日		セクション会議		
12日			健康体操	
13日				
14日			個別レク	
15日				林のぼるさんお誕生日
16日			バルーンで運動	
17日				
18日				佐藤みえさんお誕生日
19日			音楽遊び	
20日				
21日		セクション会議	個別レク	
22日				
23日				
24日			クリスマス会	
25日		1月予定表作り		
26日				
27日			個別レク	
28日				
29日				
30日				
31日				

第2章 レクリエーションの計画と実施

レクリエーション実施計画表

レクリエーションタイトル

実施日時

実施場所

実施担当者

● 参加対象者

● 実施目的

● 実施内容

● 準備物

● 当日のタイムスケジュール

※コピーしてご利用ください

レクリエーション実施計画表（記入例）

レクリエーションタイトル　　お手玉レクリエーション

実施日時　　12月5日（月）　14時00分〜14時30分

実施場所　　デイサービス

実施担当者　　松原かよこ

●参加対象者
　デイサービス利用者全員（車いすの方を含む）9名

●実施目的
　軽い運動と利用者同士のコミュニケーションを図る

●実施内容
　・1個でお手玉
　・お山くずし
　・お手玉でビンゴゲーム

●準備物
　・お手玉30個
　・マジック1つ
　・ビンゴゲーム用の模造紙

●当日のタイムスケジュール
　・内容説明（5分）
　・1個でお手玉（10分）
　・お山くずし（5分）
　・お手玉でビンゴゲーム（10分）

レクリエーション振り返りシート

レクリエーションタイトル

実施日時

実施場所

担当者

●参加者

●必要物品

●実施の流れ

●感想・改善点・注意事項等

※コピーしてご利用ください　　　　　　　　　　　　実施担当者（　　　　　　　　　　）

レクリエーション振り返りシート（記入例）

レクリエーションタイトル　　バルーンで運動

実施日時　　12月16日（火）　14時00分～14時30分

実施場所　　デイサービス

担当者　　江藤やすし

●参加者
　デイサービス利用者全員

●必要物品
　・大きな丸いバルーン1つ
　・細長いバルーン2つ

●実施の流れ
　内容説明（5分）→バルーンで矢投げ（7分）→タイムドカン（8分）
　→バルーンバレー（10分）

●感想・改善点・注意事項等
　・特に参加したがらない人もいなく、皆でわいわいと進めることができてよかった。
　・矢投げは車いすの人には距離が遠すぎたようで、次回は距離を改善する必要があると思った。
　・バルーンバレーは後半皆さんに疲れの様子が出ていた。時間をもっと短くした方がよいかもしれない。

実施担当者（　　江藤やすし　　）

笑いと健康①
B&Bと糖尿病

　第1章では、笑いが心身の健康に欠かせないことを裏付ける科学的研究が多数あることを紹介しました。糖尿病の血糖値の抑制に笑いが有効であることにも触れましたが、このコラムでは、糖尿病と笑いに関する実験のエピソードを紹介します。

　2003年の1月に糖尿病の患者19名を集め、2日間にわたる実験が開催されました。1日目には全員に同じお寿司を食べてもらい、医学部の先生による糖尿病に関するレクチャーがありました。食事の前と食後2時間後に血糖値を測ったところ、平均で123mg/dl上昇したとのことです。2日目も1日目と全く同じお寿司を食べてもらい、食前と食後に血糖値を測定したのは同じですが、レクチャーの代わりにB&Bの漫才を40分聞いてもらい、笑ってもらう実験が行われました。B&Bは、大ベストセラーの『佐賀のがばいばあちゃん』の著者として有名な島田洋七さんと島田洋八さんのコンビです。

　肝心の実験結果なのですが、2日目の血糖値の上昇値は平均77mg/dlで、1日目と比べなんと46mg/dlも上昇が抑えられていたことが判明しました。よく笑っていた人ほど効果が顕著だったそうです。

　従来、糖尿病患者の食後の血糖値上昇を抑制するには、糖尿病薬の投与やインシュリン注射といった薬物療法か、食事制限をする、運動を行うといった方法が主でした。笑うことによって血糖値が大幅に抑えられることが判明したのは、非常に画期的なことでした。この実験結果をまとめた論文が国際的に著名な学術誌に掲載され、ニュースとして報道されるなど大きな話題となりました。

　ちなみに、この実験結果の反響が大きすぎて後日困ったことが起きたそうです。ある日論文を書いた先生のいる大学病院の薬局に問い合わせの電話がかかってきたそうです。内容はこのようなものでした。

　「糖尿病に効くB&Bという薬はどこに売っているのですか？」

　どうやらB&Bを薬の名前と勘違いしたようです。このようなオチまでつけてしまうとは、さすが大御所です。

※昇幹夫『最新版 笑いは心と脳の処方せん』二見書房　2015年

第3章

笑って体を動かす
ニッコリ健康体操

笑って体を動かして、身も心もリフレッシュしましょう

　この章では、レクリエーションでもっとも人気のある体操を取り上げます。

　せっかく体操をするなら、笑いながら楽しく行いたいものです。

　この章では、笑いながら表情筋を動かしたり腹式呼吸も兼ねている体操から、全身を大きく動かしてスッキリする運動、簡単な脳トレにもなるエクササイズまで、笑って楽しめる内容を幅広く紹介します。

　高齢者施設で行いやすいように、座って行える体操のみを紹介しています。

哲学者の名言は現代科学で正しいと証明されています

　フランスの哲学者のアランはこのように言いました。

「幸福だから笑うのではない。笑うから幸福なのだ」

　この名言を聞いたことがある方も多いと思います。

　実はこの名言が科学的に正しいということが、最新の研究で証明されています。というのは、笑うことによって、幸せの脳内物質と呼ばれるβエンドルフィンが放出されることがわかったからです。口角を上げて作り笑顔をするだけで、実際に笑っているのと同じような効用を得ることができます。

　この章でも実際に笑うエクササイズを収録していますので、だまされたつもりで理屈抜きで笑ってみてください。きっと心に大きな変化があるはずです。

※参考資料　船瀬俊介『笑いの免疫学──笑いの「治療革命」最前線』花伝社　2006年

日常生活動作の維持・向上の可能性も

　この章では体を大きく動かすエクササイズも多数紹介しています。

　体を動かすことによって日常生活動作（ADL）の維持・向上も期待できます。

　エクササイズをリードする際にどのような部位を動かすのかポイントをわかりやすく伝えることによって、高齢者のみなさんの参加意欲を引き出すことが可能になるでしょう。

実際に行う際は、バランスよく、短めに

　この章で収録しているのは、大きく分けると、「表情筋を使い実際に笑う体操」「全身を大きく動かす体操」「脳トレになるエクササイズ」の3つです。

　レクリエーションの時間に行う際は、3つの内容を偏りなく行うとよいでしょう。また、それぞれの内容は思っている以上に運動の効果が大きいので、あまり長い時間行わず、高齢者のみなさんに疲れの色が見えてきたら、予定より早くても切り上げるくらいでちょうどよいです。導入の説明を除いて15分から20分くらいが目安になります。体操の最後には深呼吸をしてリラックスしましょう。本書でも、実際に使える深呼吸の方法を2つ紹介しています（58・59ページ）。

体が不自由な方は無理のない範囲で

　この章で紹介した体操は、すべて座って行える体操ですが、身体的機能によっては難しい内容もあります。そのような場合はできる範囲で行えば十分です。例えば、足と手を動かす体操なら車いすの方は手だけ動かします。また、両手を大きく上に上げるのがきつい場合は肩くらいまで上げるようにします。

　参加者の状態を見ながら、やりやすい方法に適宜アレンジしてください。

1 笑って腹式呼吸をする体操その1

必要な物 特になし

笑いながらハヒフヘホ

まずは、実際に声を出して笑いながら、お腹から息を出す体操を行います。ちょっとした運動と同じような効果が期待できますし、笑うことで楽しくなりますよ。

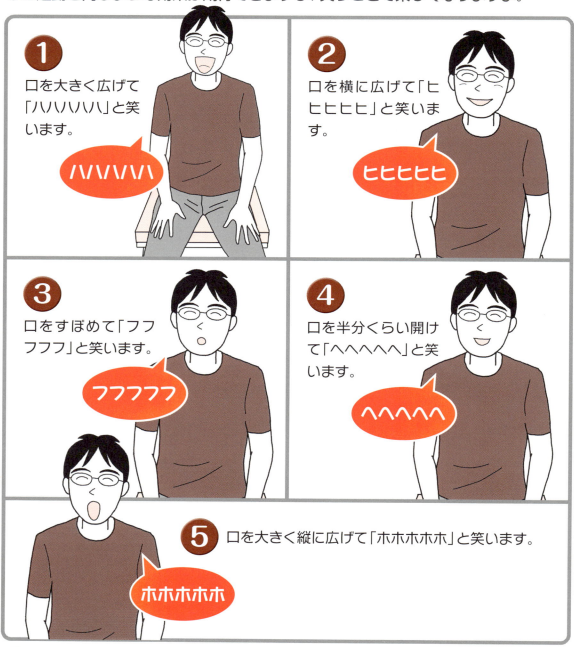

❶ 口を大きく広げて「ハハハハハ」と笑います。

❷ 口を横に広げて「ヒヒヒヒヒ」と笑います。

❸ 口をすぼめて「フフフフフ」と笑います。

❹ 口を半分くらい開けて「ヘヘヘヘヘ」と笑います。

❺ 口を大きく縦に広げて「ホホホホホ」と笑います。

POINT 日本語では、ハ行を声に出して言うときに一番大きく息を吐きます。お腹から息を出すことと、顔の筋肉を動かすことを意識してみてください。

2 笑って腹式呼吸をする体操その2

必要な物 特になし

王様・淑女になって笑おう

ただ笑うだけでなく、何かになりきって笑うのも一興です。
王様になったつもりで豪快に笑ってみてください。

① 両手を腰に当て、少し偉そうなポーズをします。

② そのまま「ハハハハハ」と豪快に笑います。

POINT 日常の中で開放的な気分になることも少ないと思うので、このような体操の機会を利用して、豪快に笑って気持ちを開放させてください。

王様の次は、淑女になって笑います。上品にかつ豪快に笑ってみてください。

① 右手を立てて、口の左側に軽く立てます。

② そのままの状態で「ホホホホホ」と笑います。

POINT 笑うときにお腹から息を出すことを意識してみてください。それだけで腹式呼吸と同じような状態になり、さまざまな効果を享受することができます。

3 表情筋を動かす体操その1

必要な物　特になし

ムンクの叫び

名画のまねをして、目を大きく見開き、口を大きく開けて顔全体の筋肉を動かしてみましょう。

① 両手を顔の横に添えます。目を大きく開き、口を縦に大きく開きます。

② そのまま「オー」と声を出します。息が続く限り声を出してみてください。

POINT 目を大きく見開くことでちょっとした美容効果もあるかもしれません。最初は恥ずかしいかもしれませんが、やってみると楽しいです。

4 脳トレにもなるエクササイズその1

必要な物 特になし

指クルクル

指をクルクル回しながら脳トレーニングをします。普段することのない動きに挑戦することが脳への刺激になります。

❶ 両手の指を合わせます。

❷ 親指以外の指をくっつけたまま、両手の親指をクルクルと回します。
親指同士がぶつからないように気をつけます。

❸ 次は人差し指をクルクルと回します。

❹ 中指、薬指、小指も同じようにクルクル回します。

POINT 中指、薬指、小指を回すのは最初はとても難しいです。上手にできることが目的ではなく、普段しない動きをして脳を刺激するのが目的です。失敗を気にせず気楽に挑戦できる雰囲気を作るようにしてください。

5 脳トレにもなるエクササイズその2

必要な物　特になし

グーパー

手を開いたり閉じたりする動作をしながら、ちょっとした脳トレーニングをします。上手く行っても失敗しても笑いがあふれるエクササイズです。

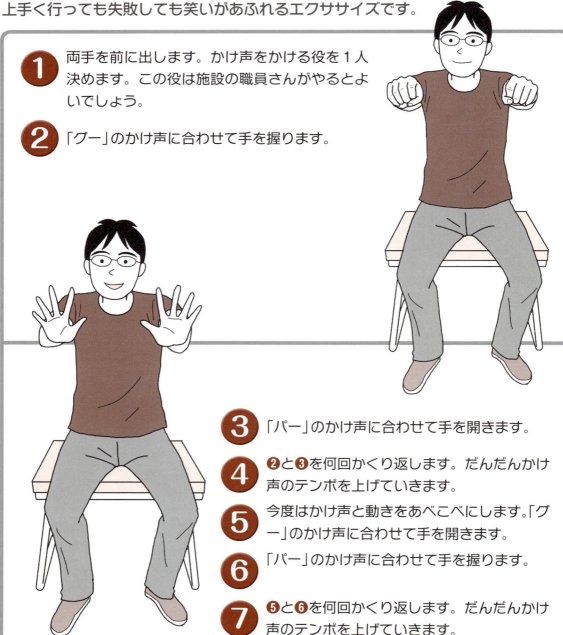

① 両手を前に出します。かけ声をかける役を1人決めます。この役は施設の職員さんがやるとよいでしょう。

② 「グー」のかけ声に合わせて手を握ります。

③ 「パー」のかけ声に合わせて手を開きます。

④ ❷と❸を何回かくり返します。だんだんかけ声のテンポを上げていきます。

⑤ 今度はかけ声と動きをあべこべにします。「グー」のかけ声に合わせて手を開きます。

⑥ 「パー」のかけ声に合わせて手を握ります。

⑦ ❺と❻を何回かくり返します。だんだんかけ声のテンポを上げていきます。

 最初のうちは少し難しく感じるかもしれません。失敗しても気にしなくて大丈夫です。普段と異なることをやること自体が脳にとって刺激になります。

6 脳トレにもなるエクササイズその3

必要な物 特になし

右・左

全身を大きく動かしながら、脳トレーニングにもなる方法を紹介します。みなさんで楽しみながら挑戦してみてください。

① 指示役の人を1人決めます。この役は施設の職員さんが行うとよいでしょう。

② 「右」と言われたら、両手を右に出します。

③ 「左」と言われたら、両手を左に出します。

④ 「前」と言われたら、両手を前に出します。

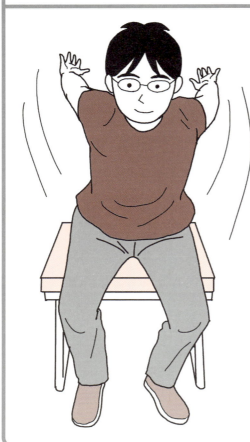

⑤ 「後ろ」と言われたら、両手を後ろに出します。

⑥ 指示役の人は、前後左右をランダムに指示してください。

⑦ 今度は指示と動作を逆にします。「右」と言われたら両手を左に出します。「左」と言われたら両手を右に、「前」と言われたら両手を後ろに、「後ろ」と言われたら両手を前に出します。

⑧ 参加者が慣れるまで何回か続けてください。

 最初のうちは上手くいかなくて戸惑う方がいるかもしれませんが、気楽に参加できる空気を演出してください。このようなエクササイズは、上手くいくかどうかにかかわらず、挑戦するだけで効果があります。

7 全身を動かす体操その1
全身をさすろう

必要な物 特になし

体全体を動かすエクササイズのウォーミングアップとして、全身をさすります。身体感覚を呼び起こすのに効果があります。

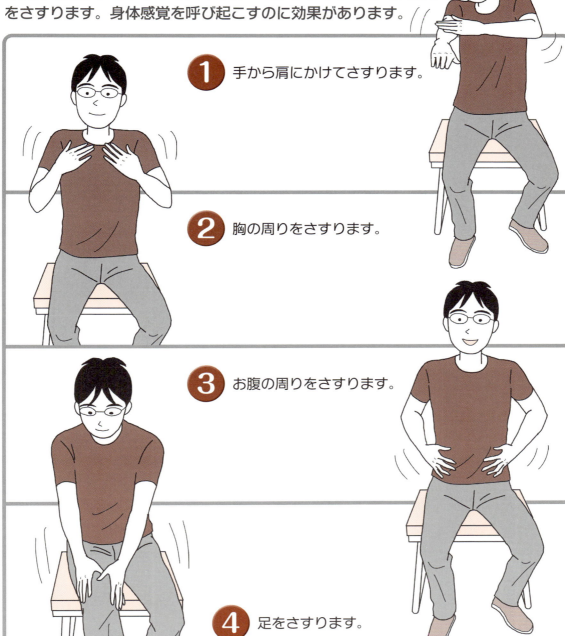

1. 手から肩にかけてさすります。
2. 胸の周りをさすります。
3. お腹の周りをさすります。
4. 足をさすります。

POINT さするだけでも凝り固まった筋肉をゆるめる効果を少し期待できます。全身の感覚が研ぎ澄まされていく様子を感じてみてください。

8 全身を動かす体操その2

必要な物　特になし

あいさつ体操

「こんにちは」とあいさつする動きに見立てて、胸の筋肉を鍛える体操をします。動きは小さいですが効果は抜群です。

① 両手の手のひらを胸の前で合わせます。

② そのまま力を入れて両手をぐっと押します。その状態で10秒キープしてください。

③ 休憩しながら①と②を3回ほどくり返します。

胸の筋肉を実際に意識しながら取り組んでください。また、息を止めないように気をつけてください。

⑨ 全身を動かす体操その3
クロール体操

必要な物　特になし

今度は泳いでいるつもりで肩周りを動かしましょう。海水浴に行っているところを想像しながらやると、気分も高まります。

❶ 両手を前に出します。

❷ クロールをする要領で、右手を下から上へと動かし1周します。

❸ 次は左手を同じように動かします。

❹ ❷と❸を何回かくり返します。

　この体操は肩周りを大きく動かすのが目的ですので、高齢者のみなさんに肩を動かすことを意識するように伝えてください。

10 全身を動かす体操その4
平泳ぎ体操

必要な物　特になし

クロールの次は平泳ぎもしてみましょう。肩を動かすだけでなく胸を大きく広げる効果も期待できます。

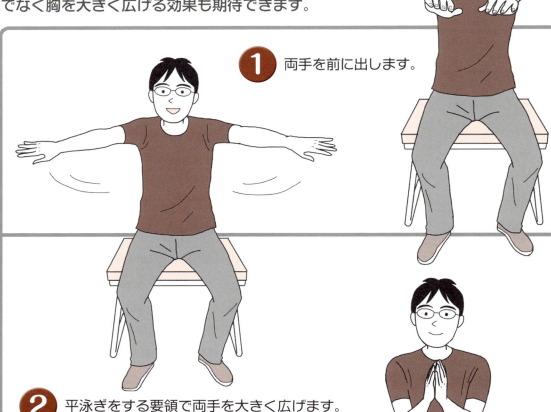

❶ 両手を前に出します。

❷ 平泳ぎをする要領で両手を大きく広げます。

❸ 両手を体の前に持ってきて、手のひらを合わせます。

❹ 両手を前に出して元の体勢に戻ります。

❺ ❶から❹を何回かくり返します。

胸の周りを大きく広げることで呼吸を深くする効果も期待できます。実際に優雅に泳いでいるところを想像しながらやると楽しめます。

11 全身を動かす体操その5
ボート漕ぎ

必要な物　特になし

ボートを漕いでいる動きに見立てて肩の周りを動かします。
公園の池にいる様子を実際に想像しながらやると楽しめます。

① 両手を前に出します。ボートのオールを持っているところを想像してください。

② 両手を手前に引きます。

③ 両手を大きく広げます。

④ 両手を最初の位置に戻します。

⑤ ①から④を何回かくり返します。

POINT 単に肩を回すだけでなく、何かをしている場面を想像しながらやると楽しくなりますので、高齢者のみなさんの想像力を駆り立てるように進行してみてください。

12 全身を動かす体操その6

必要な物 特になし

バンザイユラユラ

全身を大きく伸ばしたのちに、わき腹のストレッチを行います。開放的な気分になること間違いなしです。

❶ バンザイする要領で、両手を上げます。全身で大きく伸びをすることを意識してください。

❷ そのまま上半身を右に傾けます。脇腹を伸ばすことを意識してください。

❸ 今度は上半身を左側に傾けます。

❹ ❶から❸までの動きを数回くり返します。

POINT 体操をリードする際には、どこを動かすのか、どういった効果があるのかを高齢者に伝えるようにしてみてください。参加意欲が違ってきます。

13 全身を動かす体操その7
ボクシング体操

必要な物　特になし

ボクシングに見立てた動きで上半身全体を動かします。日ごろのストレスを撃退するつもりでビシバシ動いてください。

① 両手を立ててこぶしを握ってかまえます。

② まずはストレートを打ちます。右手を伸ばして前に出してください。

③ 左も同じように伸ばして前に出します。

④ 次はアッパーです。右手のこぶしを突き上げるようにして右手を上げてください。

⑤ 左も同様にしてこぶしを突き上げます。

⑥ ❷から❺の動きを各自好きなように続けてください。

POINT ▶ 日ごろ何となく気分が晴れなかったりイライラしたりしても、高齢者になると発散する機会が減りがちです。体操でイライラを発散するのも良い方法です。

14 全身を動かす体操その8
お尻トントン

必要な物　特になし

固くなりやすいお尻の筋肉を叩いてほぐします。お尻や太ももの筋肉は衰えやすいので、叩いて意識するのも効果があります。

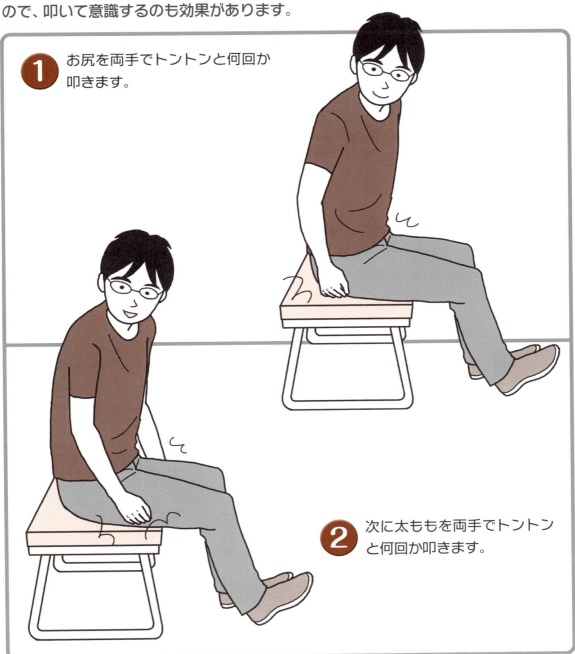

① お尻を両手でトントンと何回か叩きます。

② 次に太ももを両手でトントンと何回か叩きます。

お尻の筋肉は、あまり歩かない方は特に固くなりやすいので、しっかり叩いてほぐしてください。

15 全身を動かす体操その9

必要な物 特になし

太もも体操

太ももを鍛える体操をします。高齢者は上半身に比べて下半身の筋肉が衰えやすいと言われていますので、意識して鍛えましょう。

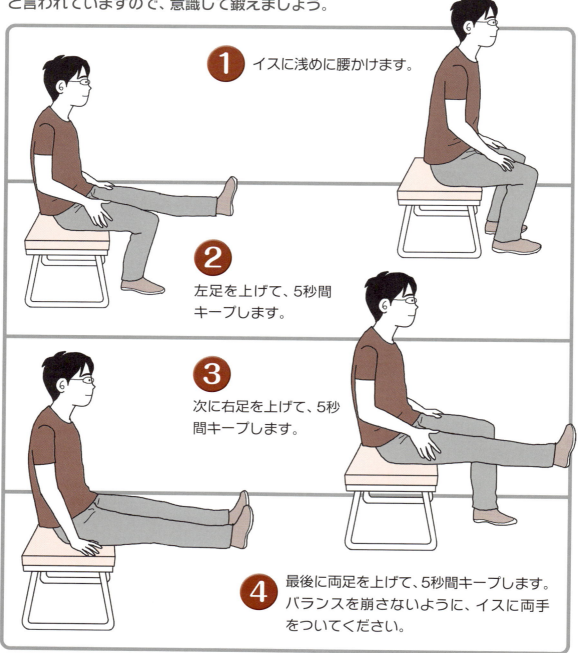

1. イスに浅めに腰かけます。
2. 左足を上げて、5秒間キープします。
3. 次に右足を上げて、5秒間キープします。
4. 最後に両足を上げて、5秒間キープします。バランスを崩さないように、イスに両手をついてください。

POINT 太ももの筋肉は歩くために必要不可欠な筋肉です。意識的に鍛えていつまでも若々しく歩けるようにしたいものです。

16 全身を動かす体操その10
ウォーキング体操

必要な物　特になし

楽しくウォーキングする動きに見立てて、腕と足を動かす体操をします。実際にどこかに出かけている気分でやってみてください。

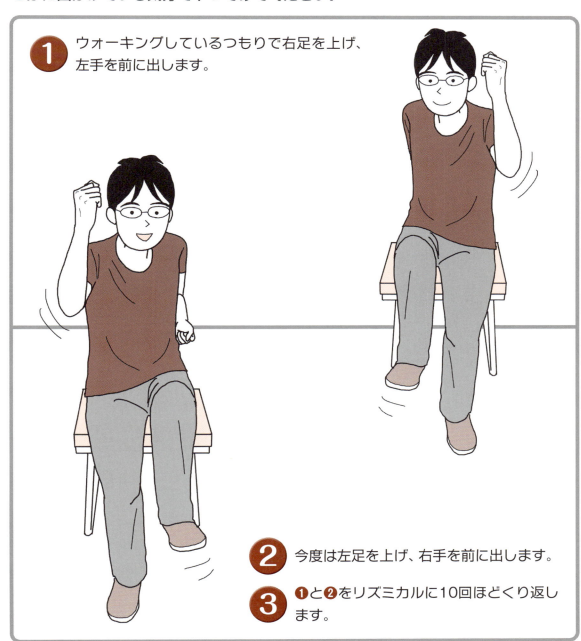

1 ウォーキングしているつもりで右足を上げ、左手を前に出します。

2 今度は左足を上げ、右手を前に出します。

3 ❶と❷をリズミカルに10回ほどくり返します。

POINT 足の不自由な方は腕だけ動かしてください。腕を動かすだけでも十分な運動になります。

17 リラックスする呼吸法その1
腹式呼吸

必要な物　特になし

体操で体を動かした後は、深呼吸してリラックスしましょう。腹式呼吸のやり方を紹介します。心を落ち着けるのにとても良い方法です。

① 背筋を伸ばして座ります。

② 鼻からゆっくり息を吸います。お腹が膨らむのを感じるようにしてください。

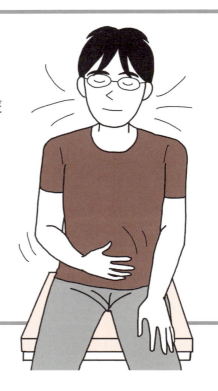

③ 口からゆっくり息を吐きます。このときにお腹から息を出すことを意識してください。

POINT 腹式呼吸でゆっくりと呼吸すると、リラックスする効果があります。イライラしたときや心を落ち着けたいときに試してみましょう。

18 リラックスする呼吸法その2

必要な物 特になし

片鼻呼吸

ヨガの呼吸法の1つ「ナディーショーダナ」と呼ばれる片鼻呼吸法は、自律神経の働きを整える効果があります。

❶ 右手の親指で右の鼻の穴をふさぎます。左の鼻からゆっくり息を吸います。

❷ 右手の人差し指で左の鼻の穴をふさぎます。右の鼻からゆっくり息を吐き、そのまま右の鼻からゆっくり息を吸います。

❸ 右手の親指で右の鼻の穴をふさぎ、左の鼻からゆっくり息を吐きます。そのまま次は左の鼻からゆっくり息を吸います。

❹ ❷と❸を10回ほどくり返します。

POINT 片方の鼻の通りが悪いと感じる方もいるかもしれません。人には利き手ならぬ「利き鼻」があります。片鼻呼吸法を数日くり返していくと、両方とも同じように通るようになります。

笑いと健康②
認知症予防と笑い

　超高齢化社会を迎えて、認知症患者も年々増加傾向にあります。できることなら認知症にならずに、また仮になったとしてもできる限り進行を抑えながら日々の生活を送りたいと考える人も多いかと思います。認知症予防には、生活習慣を整えることが重要です。適切な食生活、定期的な運動、積極的な人との交流、十分な睡眠が特に大切であると言われています。また、本や新聞を読んだり、ゲームをするなど知的な行動を心がけるのも良いことです。

　ところで、認知症予防に実は笑いが役に立つかもしれないということが、最近の研究で指摘されています。ある研究によると、ほとんど笑うことがない人は、ほぼ毎日笑う人に比べて認知機能低下のリスクが2倍以上になるとのことです。

　笑いを取り入れた活動で認知症予防に効果を上げた事例もあります。1998年から2000年にかけて開催された「わっは塾」は、物忘れを自覚するようになった高齢者15名を対象に開催されたコミュニティ活動です（わっは塾に関する詳細は、小西美智子、田中久江等著『介護ハンドブック』関西看護出版　に掲載されています）。毎月1回、集団プログラムが実施されました。プログラムは、①笑いを取り入れた健康体操、②笑いや生きがいなど幅広いテーマを扱ったミニ講座とグループワーク、③音楽療法、が柱でした。活動の結果として、人生を前向きに希望を持って、人の役に立って生きようと考える人が増加したそうです。また、QOL（生活の質）に関しては、健康、気分、人間関係、幸福度が改善したとのことでした。

　集団プログラムを通じて、周囲の人とともに笑い合いながら物事に意欲的に取り組むことで、人生が充実したものになると、高齢者の皆さんが感じたことが成功の秘訣だったのではないか、と私は思います。

　日常の中で笑いを増やそうと意識すれば、自ずと人と会話をしたり、趣味などを一緒に行ったりする機会が増えることになります。それが認知症予防にもつながるかもしれないのです。

第4章

バルーンで
アート作品作り

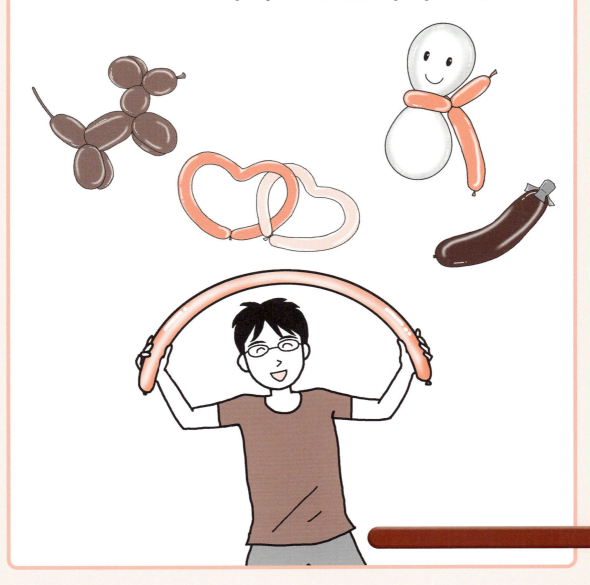

色鮮やかなバルーンは心もお部屋も華やかにします

大道芸でよく見かけるバルーンはレクリエーションに最適の素材です。とても色鮮やかなバルーンは、見ているだけで華やかな気持ちになります。いろいろな作品作りに挑戦して施設に装飾を加えることで、心と施設を鮮やかに彩りましょう。

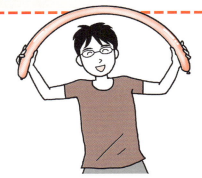

形の違うバルーンを組み合わせてさまざまな作品を

バルーンといえば、細長いバルーンを何度もひねって作るので難しそうというイメージを持つ方もいるかもしれません。もちろん、プロの大道芸人が作る作品の中には難しいものもありますが、実は細長いバルーンだけでなく、丸いバルーンやハートの形をしたバルーンなど、さまざまなバルーンを組み合わせるだけで、驚くほど簡単に作品を作ることができます。本章では高齢者レクリエーションにも適した作品を多数紹介します。

本書で用いるバルーンの種類

本書では細長いバルーンと丸いバルーンを用います。細長いバルーンは260サイズのものを用います。大手のホビーショップ、おもちゃ屋などに置いてある細長いバルーンは大体260サイズです。「260」というのは2インチ（約5cm）の太さで、60インチ（約150cm）の長さに膨らむサイズという意味です。

ネット通販などでも手軽に購入できます。バルーンの専門店では異なるサイズのものもありますので注意してください。260サイズの細長いバルーンのことを、本書では単に「**細長いバルーン**」と表記します。丸いバルーンは5インチサイズのものを使います。5インチサイズの丸いバルーンのことを本書では単に「**丸いバルーン**」と表記します。

両面テープやマジックなどの小道具も大活躍

バルーンのアート作品を作るときには、小道具が大活躍します。バルーンを膨らませるポンプだけでなく、両面テープや専用マーカー、ハサミや折り紙などを使うことによって、作

品の幅を広げることができます。工作感覚でアート作品作りに挑戦してみてください。

右の図は本書で使う小道具の一覧です。

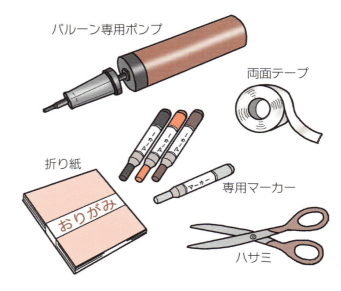

専用マーカーは入手困難な場合、油性マジックで代用することができます。ただし油性マジックを使うと専用マーカーに比べてバルーンが若干割れやすくなりますので注意してください。水性マジックは色のりが悪いのでおすすめしません。また、両面テープを使うときは、一度貼ったらはがさないようにしてください。無理にはがすとバルーンが割れてしまいます。

役割分担しながらコミュニケーションをとりましょう

　バルーンの作品を作る過程には、さまざまな動作が伴います。結ぶ、ひねるといった動作は、高齢者の身体的機能によっては難しい場合もあります。とくに膨らませたバルーンの口を結ぶ作業はとても難しいので、高齢者施設の職員が代わりに行うか補助につくといった配慮も必要になります。高齢者の動作の得意不得意に合わせて、作業工程ごとに役割分担するのもよいアイデアです。役割分担をする中で高齢者同士、あるいは高齢者と職員との間でコミュニケーションを図るようにするとよいでしょう。レクリエーションにおいては、施設内でのコミュニケーションが活発になることも重要な目標の1つです。

バルーンを扱うときの注意点

　バルーンを膨らませるときには、必ず専用のポンプを使うようにしてください。大道芸人が口で膨らませるところを見たことがある方もいるかもしれませんが、口で膨らませるには特殊な訓練が必要です。とくに細長いバルーンは初めての人が無理に口で膨らませようとすると貧血のような症状を起こすことがあり危険です。また、ハサミを使うときにも取り扱いには十分注意してください。

細長いバルーンのひねり方の基本

　細長いバルーンをひねる際に注意するべき点を記します。本格的なアート作品を作る前に、このページとバブルの固定の仕方1～2を読んでやり方を覚えてください。

1．バルーンをひねるときには数回ひねると戻りにくくなります。ひねるときは必ず同じ向きでひねるようにしてください。そうしないとひねっている最中に別の部分が元に戻ってしまいます。

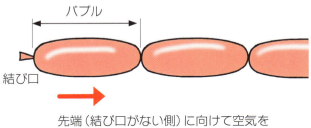

2．バルーンをひねってできた空気の入った一かたまりのことをバブルと呼びます。

3．バルーンをひねる際には、結び口側から先端に向けて空気を少し送り出すようにひねってください。そのようにすることでバブルの空気がパンパンになって割れやすくなる現象を防ぐことができます。

4．ひねる際に爪を立てないように気をつけてください。爪は短くしておくほうがよいでしょう。

バブルの固定の仕方その1　ロックツイスト

　細長いバルーンのバブルを固定し、元に戻らなくするための方法を解説します。まずはいちばん基本的なやり方であるロックツイストです。

1．バブルを3つ作ります。2つ目と3つ目のバブルの長さは同じになるようにします。

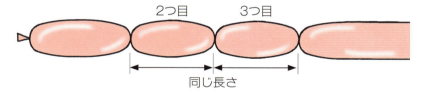

2．2つ目と3つ目の間のひねり目の部分を折り曲げます。

3. 利き手でないほうの手で1つ目のバブルと先端部分をしっかり持ち、2つ目のバブルと3つ目のバブルを利き手で持ちます。2つ目のバブルと3つ目のバブルを同じ方向に4、5回まわします。元に戻らない状態になれば完成です。このやり方を**ロックツイスト**といいます。

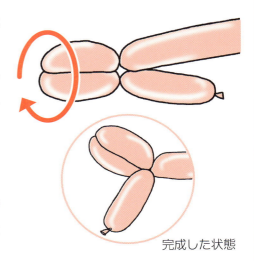
完成した状態

4. ロックツイストは、さまざまなアート作品で使います。とくに、犬やウサギなどの動物を作るときによく用います。ぜひ覚えておきましょう。

バブルの固定の仕方その2　ループツイスト

　バブルを固定する2つ目の方法を解説します。本書でもさまざまな作品を作る際に使う技法ですので、ぜひ覚えておいてください。

1. バブルを2つ作ります。2つ目のバブルはやや長めにします。

1つ目　　2つ目
やや長め

2. 2つ目のバブルの真ん中の部分で折り曲げます（ひねり目はつけないようにします）。

3. 1つ目のバブルとバルーンの余った部分を利き手でない方の手でもち、2つ目のバブルを利き手で持ちます。2つ目のバブルを同じ方向に何回かまわし、元に戻らなくなれば完成です。この方法を**ループツイスト**といいます。

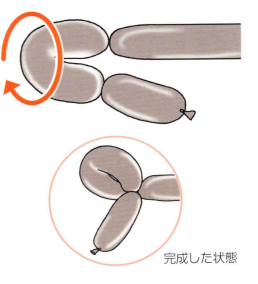
完成した状態

4. ループツイストは本書で取り上げるお花の茎などに使いますので、しっかりマスターしてください。

1 1本で作るバルーンアートその1

必要な物 細長いバルーン×1

ハート

とてもかわいらしいハートを細長いバルーンで作ります。驚くほどシンプルな工程で作ることができます。

1 細長いバルーンを先端が少しだけ残るように膨らませます。

2 バルーンの両端を結んで輪っかにします。

結んで輪にする

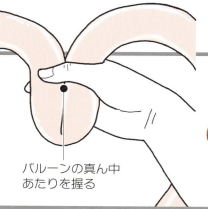

バルーンの真ん中あたりを握る

3 輪っかの真ん中あたりを図のように持ちます。

4 折り曲がったところをしっかりと握ります。

5 折り目がついたら完成です。

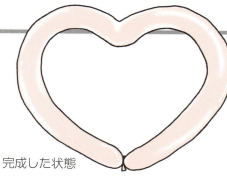

完成した状態

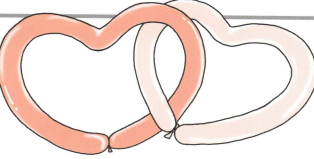

6 ハートを複数個つなぎ合せると、お部屋に装飾するのに最適なリースになります。

POINT この作品は、折り目を上手につけられるかどうかがポイントになります。折り目を付ける作業は少し怖いと思いますが、輪っかの中央部分をしっかり握ると、きれいに折り目をつけることができます。

2 1本で作るバルーンアートその2

必要な物 細長いバルーン×1

犬

バルーンアート作品の定番中の定番、犬を作るのに挑戦してみましょう。犬は応用範囲の広い作品ですので、ぜひマスターしてください。

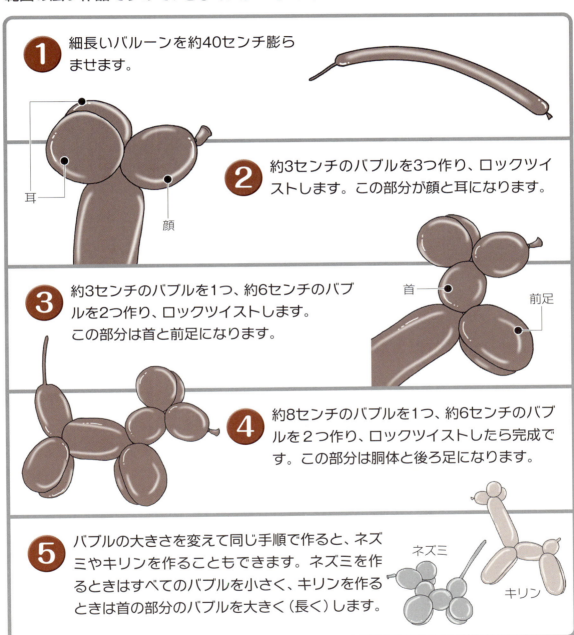

① 細長いバルーンを約40センチ膨らませます。

② 約3センチのバブルを3つ作り、ロックツイストします。この部分が顔と耳になります。

耳／顔

③ 約3センチのバブルを1つ、約6センチのバブルを2つ作り、ロックツイストします。この部分は首と前足になります。

首／前足

④ 約8センチのバブルを1つ、約6センチのバブルを2つ作り、ロックツイストしたら完成です。この部分は胴体と後ろ足になります。

⑤ バブルの大きさを変えて同じ手順で作ると、ネズミやキリンを作ることもできます。ネズミを作るときはすべてのバブルを小さく、キリンを作るときは首の部分のバブルを大きく(長く)します。

ネズミ／キリン

POINT 細長いバルーンのバブルの大きさは目安です。実際には足や胴体のバランスを見ながら調整します。自分が一番かわいいなと思うバランスを見つけられるまで試行錯誤してみてください。

第4章 バルーンでアート作品作り 実技編 ハート／犬

3 1本で作るバルーンアートその3

必要な物 細長いバルーン（黄）×1　ハサミ

バナナ

バルーンアートの中には、ひねる作業を全く行わなくても作れてしまう作品もあります。ここからは、ある意味脱力系の作品を紹介します。まずはバナナです。

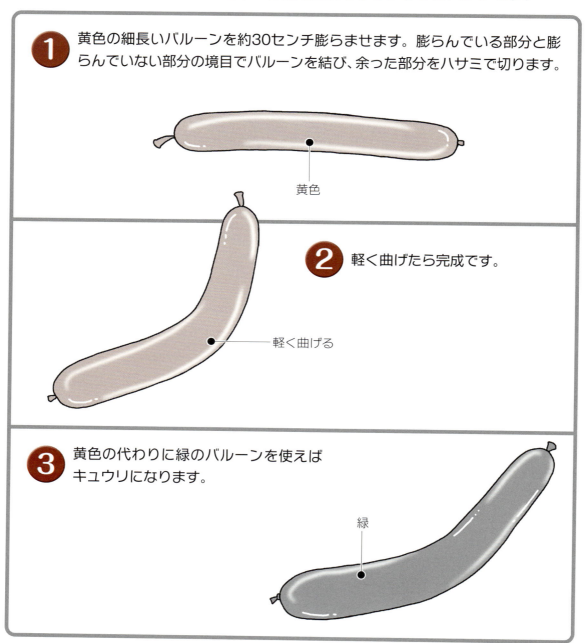

① 黄色の細長いバルーンを約30センチ膨らませます。膨らんでいる部分と膨らんでいない部分の境目でバルーンを結び、余った部分をハサミで切ります。

黄色

② 軽く曲げたら完成です。

軽く曲げる

③ 黄色の代わりに緑のバルーンを使えばキュウリになります。

緑

POINT バルーンアートは想像力も大事です。バナナやキュウリの他にも、たとえば黄土色のバルーンを使えばゴボウに見立てることもできます。他にもいろいろな野菜や果物を作れないか、みなさん想像してみてください。

4 1本で作るバルーンアートその4

必要な物 細長いバルーン（紫）×1、折り紙（緑）×1、両面テープ、ハサミ

ナス

まったくひねらないで作る作品をもう1つ紹介します。今度はナスです。折り紙と組み合わせることで素敵なアートに仕上がりますよ。

① 紫色の細長いバルーンを約20センチ膨らませます。膨らんでいる部分と膨らんでいない部分の境目でバルーンを結び、余った部分をハサミで切ります。

紫色

② 軽く折り曲げます。

軽く曲げる

③ 次にヘタです。緑色の折り紙を用意します。約3センチの幅に切ります。

3センチ

④ 折り紙を丸め、両面テープで止めます。

⑤ 同じ方向から4カ所に切り込みを入れ、図のように広げます。

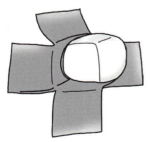

⑥ 両面テープを使ってバルーンの先端部分に折り紙をくっつけたら完成です。

 この作品はバルーンをひねる過程が全くないので、高齢者のみなさんに独力で仕上げてもらうのに向いた作品です。ハサミの取り扱いには気をつけてください。

5 複数のバルーンで作るバルーンアートその1

必要な物 細長いバルーン（黄緑）×1、細長いバルーン（好きな色）×1

お花

ここからは複数のバルーンを使って作るアート作品を紹介します。まずはお花です。お花はバルーンアートの定番で大変人気のある作品ですのでぜひ挑戦してください。

花びら

1 黄緑の細長いバルーンを先端を約5センチ残して膨らませます。
別の色の細長いバルーンを、先端を約1センチ残して膨らませます。

2 花びらを作ります。
黄緑ではないほうの細長いバルーンの結び口と先端を合わせて結び、輪にします。

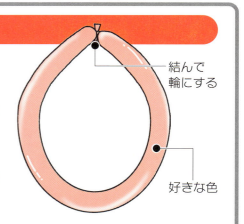
結んで輪にする
好きな色

3 輪っかの中心部分をひねります。バブルが2つできた状態になります。

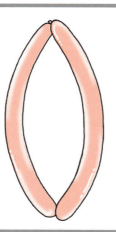

4 さらに2つのバブルを真ん中の部分でひねります。バブルが4つできた状態になります。

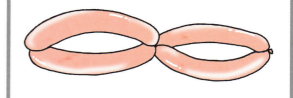

5 図のように真ん中で折り曲げます。

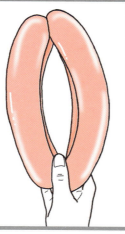

6 バルーンを折り曲げてひねりを入れた部分が図のようにくっつくようにします。

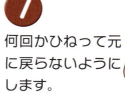

7 何回かひねって元に戻らないようにします。

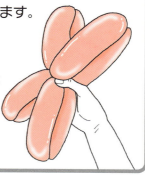

茎

⑧ 次にお花の茎の部分を作ります。
黄緑の細長いバルーンを使い、約10センチのバブルと約20センチのバブルを作り、約20センチのバブルをループツイストします。

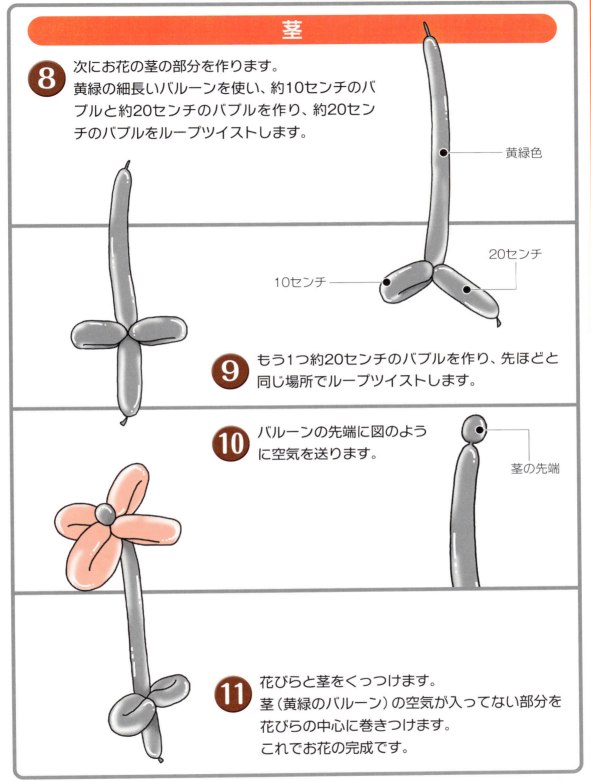

黄緑色
10センチ　20センチ

⑨ もう1つ約20センチのバブルを作り、先ほどと同じ場所でループツイストします。

⑩ バルーンの先端に図のように空気を送ります。

茎の先端

⑪ 花びらと茎をくっつけます。
茎（黄緑のバルーン）の空気が入ってない部分を花びらの中心に巻きつけます。
これでお花の完成です。

POINT 花びらはさまざまな色で作ることができます。高齢者のみなさんに好きな色を選んでもらうのも良いでしょう。何色が好きか聞くことをきっかけにしてコミュニケーションが生まれます。

6 複数のバルーンで作るバルーンアートその2

必要な物 細長いバルーン×2〜多数（部屋の広さに応じて必要な分）

リング

輪をつなげただけのシンプルな作品です。これだけ簡単な作品にもかかわらず、お部屋を装飾するのに最適です。

① 細長いバルーンを複数本（2〜5本、それ以上も可）、先端を約1センチ残して膨らませます。

② 1本目のバルーンの口と先端を結び輪にします。

③ 2本目のバルーンを輪にした1本目のバルーンの間に通します。

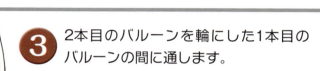

④ 2本目のバルーンの口と先端を結びます。

⑤ 3本目以降も同様の工程で輪っかをつないでいきます。

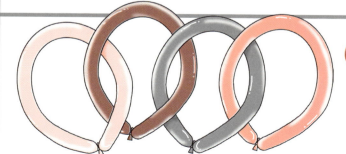

POINT この作品は天井からつるしてお部屋に飾りつけをするのに最適です。さまざまな色を組み合わせて、鮮やかに装飾してください。

7 複数のバルーンで作るバルーンアートその3

必要な物 細長いバルーン×3

リース

部屋に飾るのに最適なリースをバルーンで作ります。女性なら一度は経験したことがある三つ編みと同じ方法で作ることができます。

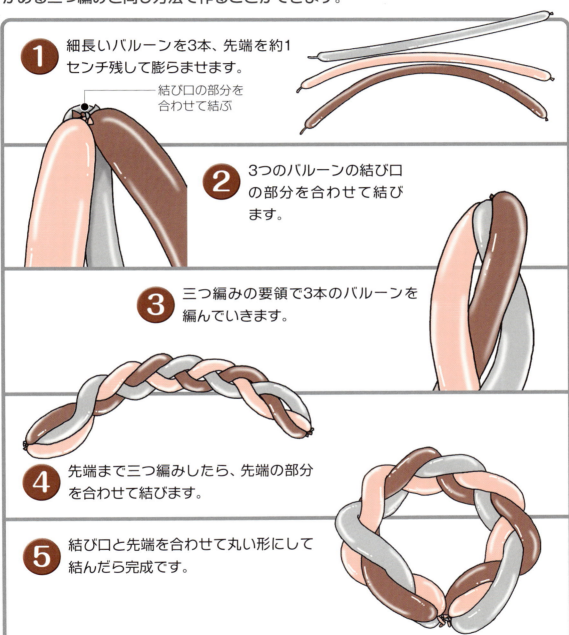

① 細長いバルーンを3本、先端を約1センチ残して膨らませます。

② 3つのバルーンの結び口の部分を合わせて結びます。

③ 三つ編みの要領で3本のバルーンを編んでいきます。

④ 先端まで三つ編みしたら、先端の部分を合わせて結びます。

⑤ 結び口と先端を合わせて丸い形にして結んだら完成です。

POINT 色を変えることによって季節ごとに違う雰囲気のリースを作ることができます。例えば赤・黄緑・緑の組み合わせだとクリスマスにぴったりです。夏場は白・水色・青で作ると見た目も涼しげな作品に仕上がります。

8 複数のバルーンで作るバルーンアートその4

必要な物　細長いバルーン（赤）×1、細長いバルーン（白）×1、両面テープ、ハサミ

お寿司（マグロ）

複数のバルーンでも、まったくひねる作業を加えずに作る脱力系の作品があります。ここで紹介するのはマグロ寿司です。

1 赤と白の細長いバルーンを約7センチ膨らませます。どちらのバルーンも膨らんでいる部分と膨らんでいない部分の境目で結び、余った部分をハサミで切ります。

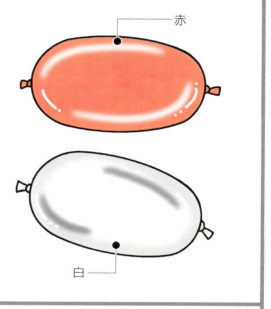

2 両面テープで赤のバルーンと白のバルーンをくっつけたら完成です。

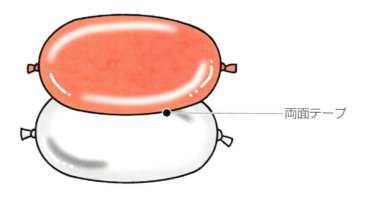

POINT 想像力を駆使して、色違いで別の作品も作ってみましょう。オレンジと白ならサーモン、白と白ならイカに見立てることができます。どんな作品が作れるか、高齢者のみなさんと会話してみてください。

⑨ 複数のバルーンで作るバルーンアートその5

必要な物 丸いバルーン(白)×2、細長いバルーン(好きな色)×1、ハサミ

雪だるま

バルーンは細長いバルーンだけではありません。丸いバルーンと細長いバルーンを使って作品を作ってみましょう。まずは雪だるまです。

① 細長いバルーンを約30センチ膨らませます。白の丸いバルーン(周囲5インチ)を2つ膨らませます。

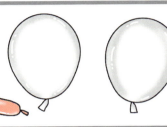

② 2つの丸いバルーンの結び口同士を合わせて結びます。この部分が雪だるまの本体になります。

③ 細長いバルーンを2つの丸いバルーンを結んだ部分に巻きつけて、細長いバルーンが交差した部分でひねって元に戻らないようにします。

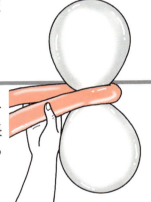

④ 細長いバルーンの空気が入っている一番先のところで結び、残った部分はハサミで切ります。

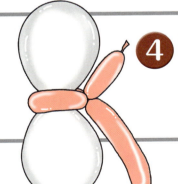

⑤ 丸いバルーンに専用マーカーで顔を描いたら完成です。

POINT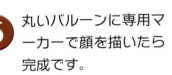
雪だるまの顔をいろいろな表情をつけて描いてみましょう。どんな顔を描くかによって高齢者の個性を垣間見ることもできます。

10 複数のバルーンで作るバルーンアートその6

必要な物 丸いバルーン×1、細長いバルーン×1、専用マーカー、ハサミ

お魚

丸いバルーンと細長いバルーンを組み合わせて見た目も楽しげなお魚を作りましょう。部屋に飾ってもよいですし、魚釣りなどの遊びをしても面白いです。

① 丸いバルーン（周囲5インチ）を膨らませます。細長いバルーンを約60センチ膨らませます。

② 細長いバルーンで丸いバルーンの周りをぐるっと囲みます。細長いバルーンの交わったところでねじって戻らないようにします。

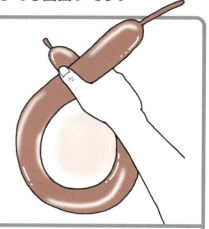

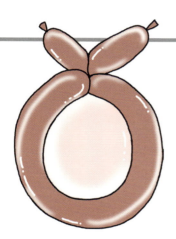

③ 丸いバルーンの結び口を細長いバルーンのねじり目の部分にくくりつけます。

④ 細長いバルーンの膨らんでいる部分の先端で結び、余った部分をハサミで切ります。

⑤ 丸いバルーンに専用マーカーで目、エラ、ウロコを書いたら完成です。

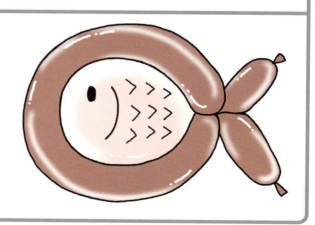

POINT さまざまな色の組み合わせで色鮮やかなお魚を作ってみましょう。色の違うお魚を部屋に飾れば、部屋がとても華やかになります。

第5章

バルーンで楽しく
運動&ゲーム

バルーンは運動やゲームの素材としても使えます！

　第4章では、バルーンを用いてさまざまなアート作品を作る方法を紹介しました。バルーンはアートの素材としてだけでなく、運動やゲームの素材としても使える大変便利な道具です。この章では、バルーンを用いたさまざまなゲームのアイデアを紹介します。楽しくゲームをしながら体を動かして、身も心もリフレッシュしてください。

バルーンなら安心。さまざまなゲームに応用できます！

　歳をとるにつれて体を動かす機会が少なくなります。バレーボールやピンポン、野球などの集団ゲームは楽しいですが、高齢者施設で行うには危険な要素が多くてできないと思われる方も多いことでしょう。このようなときこそ、バルーンの出番です。軟らかいバルーンを使えば、施設の物を壊したりする心配を減らしながら、バレーボールなどのゲームを楽しむことができます。バルーンはふわふわとゆっくりした動きをするので、高齢者でも気軽にゲームに参加しやすいという利点もある優れものなのです。

この章で使うバルーンの種類

　この章では、第4章で紹介した5インチ（約13センチ）の丸いバルーンより一回り大きな9インチの丸いバルーンを用います。この9インチ（23センチ）の丸いバルーンのことを、本書では「**大きな丸いバルーン**」と表記します。9インチのものよりも少し大きい11インチ（約28センチ）、12インチ（約30.5センチ）のものを用いても構いません。手に入れやすいものを選んでください。また、ダーツや糸電話では、第4章でも登場した「**細長いバルーン**」を使います。

周囲には十分注意を

　バルーンは意外といろんな場所へ飛んでいきやすい道具です。高齢者のみなさんがバルーンを追いかけるのに夢中になるあまり物や人にぶつかると、けがにつながる可能性もあります。また、無理な体勢をとるとイスから転倒することも起こりえます。バルーンを用いたゲームを行う際には周囲の状況をよく確認し、一人ひとりに十分なスペースを確保し、安全を注意深く見守るよう心がけてください。

1 バルーンでスポーツゲームその1

必要な物 大きな丸いバルーン×1

バルーンバレー

バルーンを使ってさまざまなスポーツゲームを実践して、体を動かしましょう。最初に紹介するのは、どこの施設でも人気のあるバレーボールです。

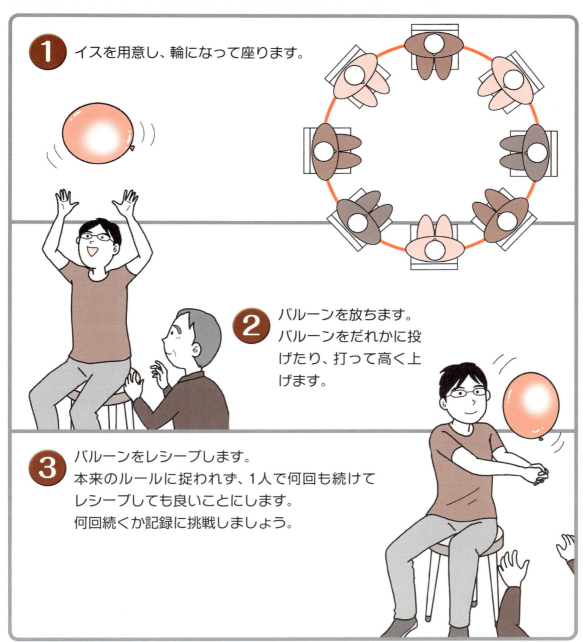

① イスを用意し、輪になって座ります。

② バルーンを放ちます。バルーンをだれかに投げたり、打って高く上げます。

③ バルーンをレシーブします。本来のルールに捉われず、1人で何回も続けてレシーブしても良いことにします。何回続くか記録に挑戦しましょう。

POINT バルーンを用いたバレーは、どなたでも参加しやすいです。みなさんで協力して最高記録に挑戦してください。

第5章 バルーンで楽しく運動&ゲーム　実技編　バルーンバレー

2 バルーンでスポーツゲームその2

必要な物 大きな丸いバルーン×1、ラケット×参加人数分、テーブル

バルーンでピンポン

バルーンを用いたスポーツゲームの第2弾は、ピンポンです。こちらもバレーと同様にどなたでも参加しやすく、さまざまな施設で人気です。

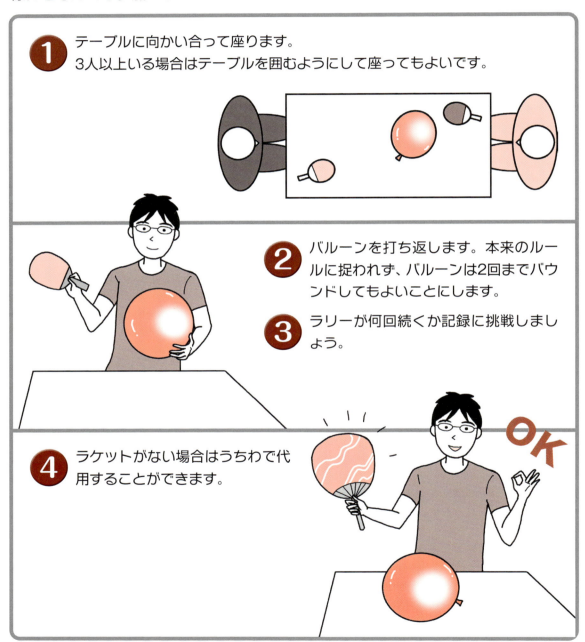

1. テーブルに向かい合って座ります。3人以上いる場合はテーブルを囲むようにして座ってもよいです。
2. バルーンを打ち返します。本来のルールに捉われず、バルーンは2回までバウンドしてもよいことにします。
3. ラリーが何回続くか記録に挑戦しましょう。
4. ラケットがない場合はうちわで代用することができます。

POINT 2人でラリーをしても良いですし、バレーと同じように複数人で打ち合いをしてもよいです。記録を目指すと盛り上がること間違いなしです。

3 バルーンでスポーツゲームその3

必要な物 大きな丸いバルーン×チームの数、イス×参加人数分

イスくぐらせリレー

バルーンを使ってリレーを行います。最初のバージョンは、バルーンをイスの下にくぐらせます。上半身を大きく動かす運動になります。

① 高齢者のみなさんを2組から3組のチームに分けます。

② チームの人数分だけ、イスを前後に並べて、座ってもらいます。

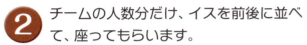

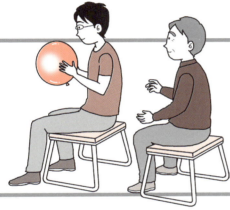

③ 最前列の人にバルーンを渡します。

④ 最前列の人は、上半身を倒してバルーンをイスの下にくぐらせます。

⑤ すぐ後ろの人がイスの下からバルーンを受け取り、今度は自分のイスの下にバルーンをくぐらせて、その次の人に渡します。

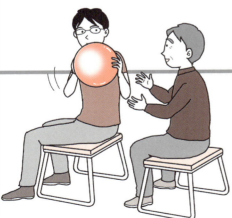

⑥ 最後の人まで先に到達したチームの勝利です。

⑦ イスをくぐらせることが難しい人が多い場合は、くぐらせるのではなく、横向きに手渡すようにルールを変更してもよいです。

 見た目以上に運動の効果がありますので、決して無理はしないようにしてください。高齢者の状態を見ながら、状況に応じて横に手渡すルールに変更しましょう。

4 バルーンでスポーツゲームその4

必要な物 大きな丸いバルーン×1、新聞、ガムテープ、大きめの紙×4、マジック

バルーンで野球盤

国民的スポーツである野球を、バルーンを用いてだれでもできるようにアレンジしたゲームです。対戦形式で盛り上がりましょう。

❶ 大きな丸いバルーンと新聞を用意します。
新聞は筒状にしてガムテープで固定し、バットにします。新聞の代わりにおもちゃのバットを使っても構いません。

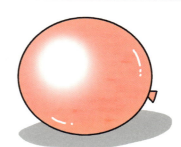

❷ 大きな紙（A3以上）を4枚用意します。
マジックを使って、「ヒット」「ツーベース」「スリーベース」「ホームラン」と書きます。

❸ ❷で用意した紙を図のように置きます。これで準備完了です。

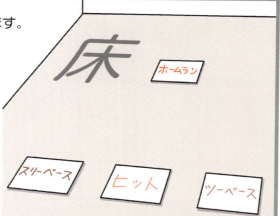

82

④ 高齢者のみなさんを2チームに分け、バッターの順番を決めておきます。
ピッチャー役の人がバッターに向かってバルーンを下から軽く投げます。ピッチャー役の人は施設の職員さんがやるのがよいでしょう。

⑤ バッター役の人は、バルーンで打ちます。

⑥ バルーンが止まったところが打席の結果になります。紙の上以外はアウトです。空振りした場合は1ストライクで、3回空振りしたらアウトです。3アウトでチーム交代です。後は実際の野球と同じルールで得点を重ねましょう。

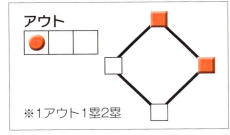

※1アウト1塁2塁

※ランナーの表示は、例えばホワイトボードに表示するなど工夫しましょう。

POINT 「ヒットが出れば逆転です」など、実際に野球を行っているかのように実況するなどして会場を上手に盛り上げましょう。

5 バルーンでスポーツゲームその5

必要な物 細長いバルーン×チームの数、イス×参加人数分

バルーンのたすきリレー

今度もリレーを行いますが、大きな丸いバルーンではなく細長いバルーンを使います。肩周りを動かす運動も兼ねています。

① 高齢者のみなさんを2組から3組のチームに分けます。

② イスをチームの人数分前後に並べ、イスに着席してもらいます。

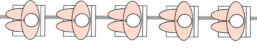
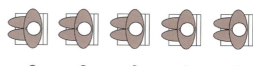
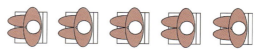

③ 細長い丸いバルーンを先端を少し残してふくらませ、結び口と先端を結んで輪にします。この輪が「たすき」になります。

④ 最前列の人にたすきを渡します。最前列の人は、たすきを首にかけます。

⑤ 1つ後ろの人は、最前列の人のたすきを首から外して、自分の首にかけます。

⑥ 同じことをくり返していきます。一番後ろの人に先に到達したチームの勝利です。

POINT リレーはチームで対抗戦を行ってもよいですし、タイムを縮めることを目標にしてもよいでしょう。高齢者のみなさんの個性や性格に合わせてルールをアレンジしてみてください。

6 バルーンでワイワイレクリエーションその1
バルーンでダーツ

必要な物　細長いバルーン×2

だれもが子どものころに一度は遊んだことがあるダーツゲームをバルーンで再現しました。飛び切り簡単な遊びですが、かなり熱中しますよ。

① 1本は先端まで膨らませてそのままの状態にします。これが「ダーツ」になります。もう1本は先端を少し残して膨らませて、結び口と先端を合わせて結び輪っかにします。
この輪が「的」になります。

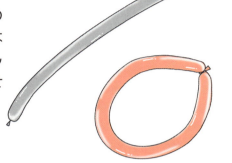

② 的を天井から吊るします。吊るすことが難しければ、だれかが手で持っているだけでよいです。

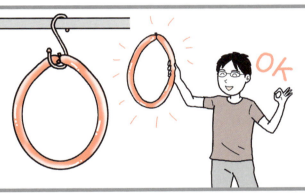

③ 的に向かってダーツを投げます。的の間をダーツがくぐりぬければ成功です。何回成功するか記録に挑戦しましょう。

POINT　的はバルーンを用いる代わりに模造紙にマジックで円を描いたもので代用しても構いません。高齢者のみなさんの筋力でも届くように、的との距離を適宜調整するようにしてください。

7 バルーンでワイワイレクリエーションその2

必要な物 細長いバルーン×1、紙コップ×2、カッターナイフ

バルーンで糸電話

子どものころに遊んだ糸電話。糸の代わりにバルーンを使って糸電話を作ることができます。音の聞こえ方が新鮮ですので、ぜひ一度遊んでみてください。

1 細長いバルーンと紙コップを2つ用意します。細長いバルーンは先端まで膨らませます。

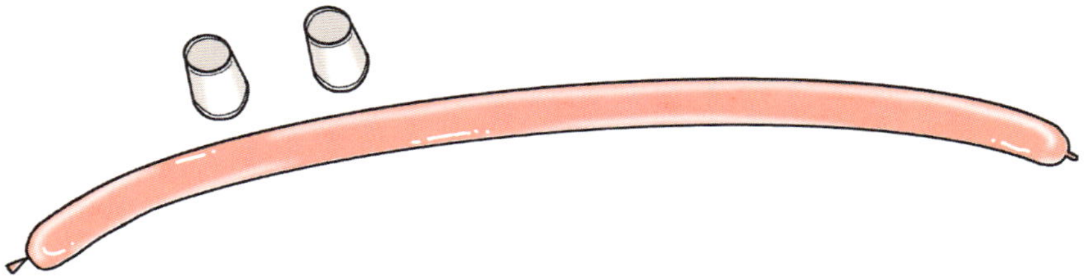

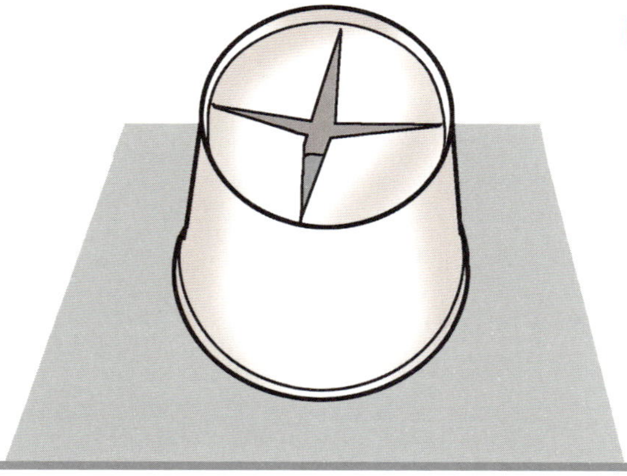

2 カッターナイフを使って紙コップの底に切り込みを入れます。

3 底に切り込みを入れた紙コップを図のようにバルーンの両端に差し込みます。これで糸電話の完成です。

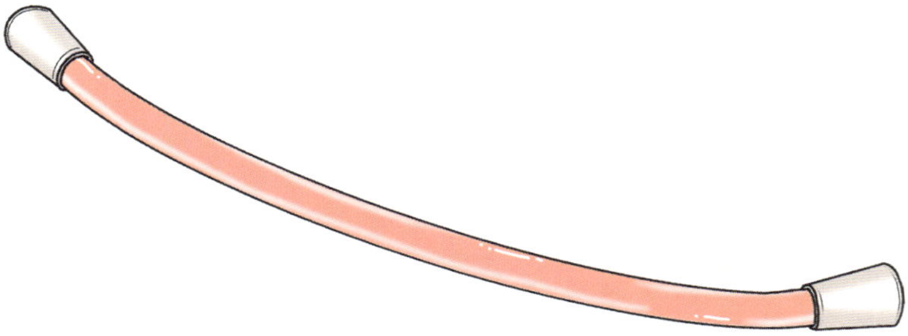

④ 二人で会話してみてください。
本当の糸電話とは少し違う聞こえ方がします。

⑤ 糸電話を２つ組み合わせて四つ股にすることもできます。

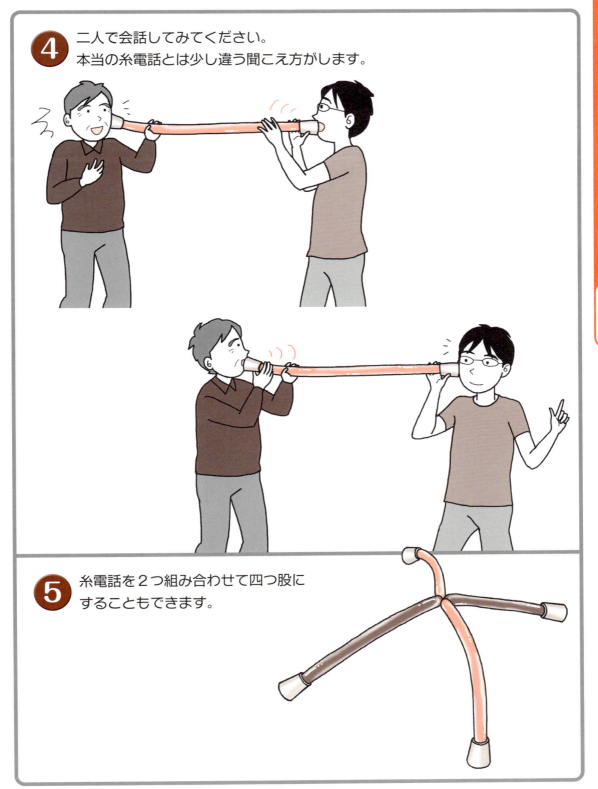

第5章 バルーンで楽しく運動&ゲーム　実技編　バルーンで糸電話

　高齢者のみなさんにとって糸電話は懐かしい遊びですので、きっと夢中になってくれますよ。糸電話を使って伝言ゲームなどをしても楽しいでしょう。

8 バルーンでワイワイレクリエーションその3

必要な物 大きな丸いバルーン×1

タイムドカン

バルーンを使ってちょっとしたドキドキを味わってもらえるゲームを紹介します。だれもが参加しやすく盛り上がりやすいゲームです。

① 高齢者のみなさんで輪になって座ります。鬼役の人を1人決めます。鬼役の人は施設の職員さんがやるのがよいでしょう。

② 輪の真ん中に鬼役の人が立ちます。

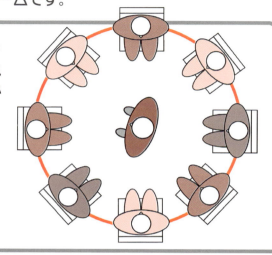

③ だれか一人に大きな丸いバルーンを渡します。

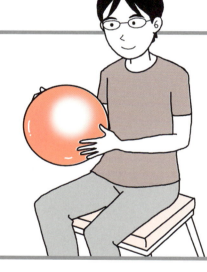

④ 鬼役の人は、高齢者のみなさんを見ないようにして「1・2・3」と数を数えます。ときどきリズムを変えながら数えてください。

❺ 高齢者の方は順番に隣の人にバルーンを受け渡していきます。

❻ 鬼役の人は、60まで数え終えたら「ドカーン」と言います。

❼ 「ドカーン」の瞬間にバルーンを持っていた人の負けです。負けてしまった人には簡単な罰ゲームをしてもらいましょう。

POINT このゲームが盛り上がるかどうかは鬼役の人にかかっています。鬼役の人は、数を数えるときにリズムをわざと変えて、いつドカーンとなるか参加者が予測できないようにしましょう。

9 バルーンでワイワイレクリエーションその4

必要な物 大きな丸いバルーン×1、うちわ×参加人数分

落とさずあおごう

このゲームは、バルーンをうちわであおいでなるべく長い時間落とさないようにするゲームです。説明の必要がないくらいシンプルな遊びですが、かなり白熱します。

① うちわを人数分用意します。

② 大きな丸いバルーンを落とさないように全員でうちわであおぎます。何秒落とさずにいられるか記録に挑戦しましょう。

POINT このゲームは全員の力が必要です。1人の力ではバルーンを浮かせることができませんが、全員が協力するとバルーンが浮きます。みなさんで力を合わせて記録を目指してください。

10 バルーンでワイワイレクリエーションその5

必要な物　大きな丸いバルーン×1、空き箱×3、紙×3、マジック、ノリ

バルーンで玉入れ

運動会でだれもが一度は夢中になった玉入れを、バルーンを使ってできる簡単な形にアレンジしてみました。みなさんで盛り上がってください。

❶ 箱を3つ用意します。紙を3枚用意し、マジックで1枚目に「10点」、2枚目に「20点」、3枚目に「30点」と書きます。書き終えたら紙を箱の目立つ場所にノリで貼ります。

❷ 箱を手前が10点、一番奥が30点になるように並べます。これで準備完了です。

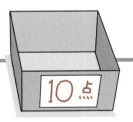

❸ 参加者に大きな丸いバルーンを手渡します。椅子に座った状態で投げてもらいます。

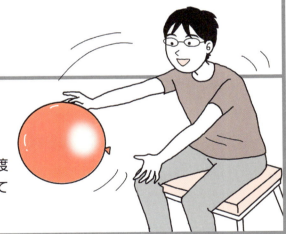

❹ 箱に入ったら、その箱に書いてある点数が得点になります。1人5回まで挑戦して、最高得点を競います。

このゲームは箱に入るかどうかだけでなく、何点を狙うかも盛り上がるポイントです。上手に実況しながら、楽しい雰囲気を演出してください。

笑いと健康③
介護と笑い

　家族を介護している方から「笑いが必要なのはわかりますが、どのような笑いが効果があるのでしょうか？」と質問を受けたことが何回かあります。私は「介護を受ける人とする人、ご近所のみなさんとともに笑い合える関係を築くことが大切です」とお答えしています。普段から周囲の人と笑顔で語り合える関係になっていれば、何か困ったことがあっても助けてくれます。

　笑いの数を数えてみるのはいかがでしょうか。
　北海道の医師で、笑いに関する著書（『よく笑う人はなぜ健康なのか』日本経済新聞出版社）もある伊藤一輔さんは、患者さんに「笑状日誌」をつけることを勧めています。1日5回、1分間笑うことを心がけ、どのような場面で笑ったかを記録するように勧めているそうです。ポジティブなことに意識を向けることによって、気持ちを前向きに保つ効果があります。笑うと言っても、ギャグやユーモアを考えたり、コメディ映画を鑑賞しなくても、ちょっとほっこりしたことや思わず微笑んでしまったことを記録するだけでよいのです。

　介護をしている人が自分をいたわることも忘れないでほしいと思います。最近笑う機会が減ったと感じたならば、それはストレスのサインですので、たまには自分が楽しいと思うこともしてみてください。介護者の負担を軽減する（レスパイトケアと言います）ために、ショートステイなどのサービスを利用することもできます。日本では自分が楽しむことに罪の意識を感じる介護者の方が多いですが、長く介護生活を続けるためには休息やリフレッシュも必要不可欠です。

　また、地域包括支援センターなどが主催する介護者家族教室や認知症カフェなどに出向くのもよいことです。同じ境遇にいる人同士で悩み事を共有できたり、専門的なアドバイスを受けることもでき、介護ストレスの軽減にもつながります。

　さまざまな制度を上手に利用しながら、介護をする人と受ける人が常に笑顔で過ごせればよいと願っています。

第6章

お手玉を使った
レクリエーション

お手玉は最高のレクリエーション素材

　昔懐かしいお手玉。高齢者の方の中にも、子どものころ2つ3つ投げて遊んだことがある方も多いのではないかと思います。
　このお手玉、実は高齢者レクリエーションに最適の素材なのです。
　例えば、1つのお手玉をいろんなところから投げるだけで、とても楽しい運動になります。それだけでなく、2人から大人数でも楽しめるゲームを行うこともできます。
　ちょっとしたアイデアと工夫次第でお手玉がエンターテインメントに早変わりします。本章ではお手玉を高齢者レクリエーションに活かす方法を多数紹介します。

お手玉にもさまざまな種類がある

　ひとくちにお手玉といっても、実はさまざまな種類があります。
　一番入手しやすく、高齢者にとってもなじみが深いのは、「**おじゃみ**」（お手玉）です。おじゃみはおもちゃ屋や100円ショップで簡単に購入することができます。

　最近では大道芸でよく見かけるジャグリング用の専用ボールも入手しやすくなりました。ジャグリング専用ボールにもさまざまな種類がありますが、高齢者レクリエーションで使いやすいのは、「**ビーンバッグ**」と呼ばれる種類のボールです。
　ビーンバッグは中に鳥のエサが詰まっています。柔らかくつかみやすいのが特徴です。ビーンバッグは大手ホビーショップやジャグリング専門店で購入することができます。

　100円ショップなどで売っている子ども用玩具の「**スポンジ製ボール**」で代用することも可能です。テニスボールやゴムボールは転がりやすくつかみにくいので、高齢者レクリエー

レクリエーションに使えるお手玉

おじゃみ（お手玉）

ビーンバッグ

スポンジ製ボール

ションの場にはあまり向いていません。

　おじゃみやビーンバッグは高齢者でもつかんだり投げたりしやすいように、小さくて軽いものを選ぶとよいでしょう。投げたものをキャッチする動作を伴うレクリエーションにはおじゃみを、的を狙ったり当てたりするレクリエーションにはビーンバッグを用いるのがおすすめです。

自分のペースで楽しむことを最優先に

　お手玉を投げたりキャッチしたりする動作は、高齢者の身体的機能の差により、簡単に感じる人もいれば、難しい人もいて、個人差が非常に大きいです。お手玉を用いたレクリエーションを行う際には、自分のできる範囲で楽しむことが一番大事であると高齢者に伝えるようにしましょう。一人ひとりが楽しめるように難易度をアレンジするといった工夫も必要不可欠です。

少し難しいことにもあえて挑戦しましょう

　一方で、高齢者の方にちょっと難しいかなと思うことにあえて挑戦してもらうのもよいことです。難しいと思っていたことをできたという達成感が積み重なることにより、日頃のリハビリや運動に対しても意欲的になる効果が期待できます。

　時にはあえてハードルを上げるアレンジもしてみてください。また、レクリエーションを進行する方は、高齢者が上手にできたときには、

　「いま、うまくいきましたね」

　「上手でしたね」

　と積極的に声をかけるようにしてみてください。褒め言葉をもらうことで高齢者のみなさんは意欲的になります。肯定的な言葉でのコミュニケーションを欠かさずにいると、施設全体の雰囲気も明るくなります。

集団で行うゲームではチーム分けに工夫を

　お手玉レクリエーションには集団で行うゲームもたくさんあります。チーム分けを行う際には、投げたりキャッチしたりする動作が得意な人と苦手な人がバランスよく分かれるようにするとよいでしょう。そのようにすることで、全員が楽しめるようになります。

1 1つ投げてキャッチ

1人でも楽しめるお手玉その1

必要な物　お手玉×1

お手玉を1個だけ使って投げてキャッチしてみましょう。お手玉を使ったさまざまなレクリエーションの導入や準備運動として最適です。

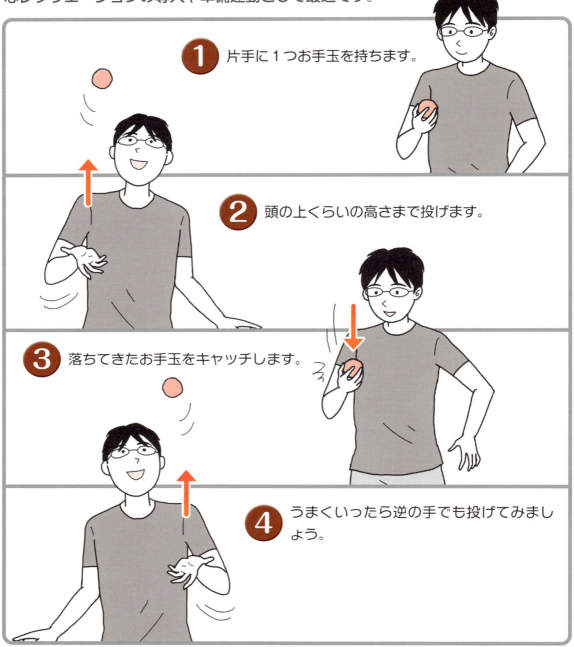

① 片手に1つお手玉を持ちます。

② 頭の上くらいの高さまで投げます。

③ 落ちてきたお手玉をキャッチします。

④ うまくいったら逆の手でも投げてみましょう。

POINT うまく行ったら投げる高さを変えてみても面白いです。ちょっとした工夫をするだけで、1個投げるだけでも十分楽しいレクリエーションになります。次のページからさまざまな投げ方の工夫を紹介します。

手の甲でキャッチ

2 1人でも楽しめるお手玉その2

必要な物 お手玉×1

今度は少しだけ難易度を上げてみましょう。
お手玉を手の甲でキャッチします。

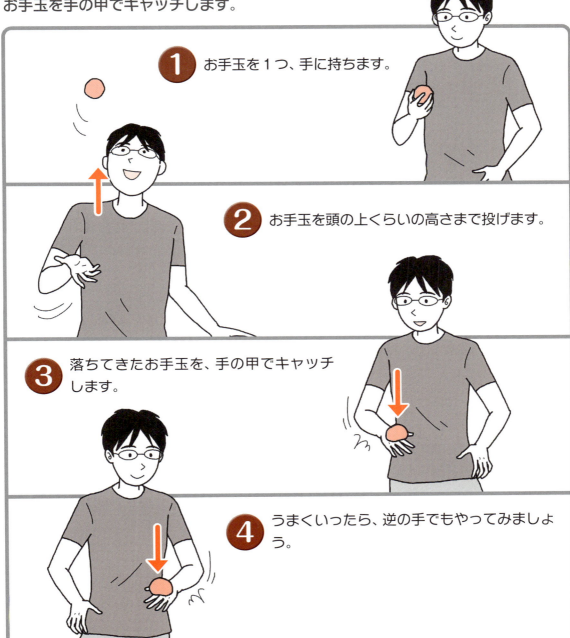

① お手玉を1つ、手に持ちます。

② お手玉を頭の上くらいの高さまで投げます。

③ 落ちてきたお手玉を、手の甲でキャッチします。

④ うまくいったら、逆の手でもやってみましょう。

POINT 手の甲でキャッチするときは、お手玉が落ちてくるのに合わせて手を少し下に下げながらキャッチします。そのようにすることでお手玉のスピードを吸収することができます。

手を叩いてキャッチ

3 1人でも楽しめるお手玉その3

必要な物 お手玉×1

お手玉を投げている間に手を叩きます。落ちてくるまでのわずかな時間に手を叩かなくてはならないのでハラハラドキドキです。盛り上がること間違いなしです。

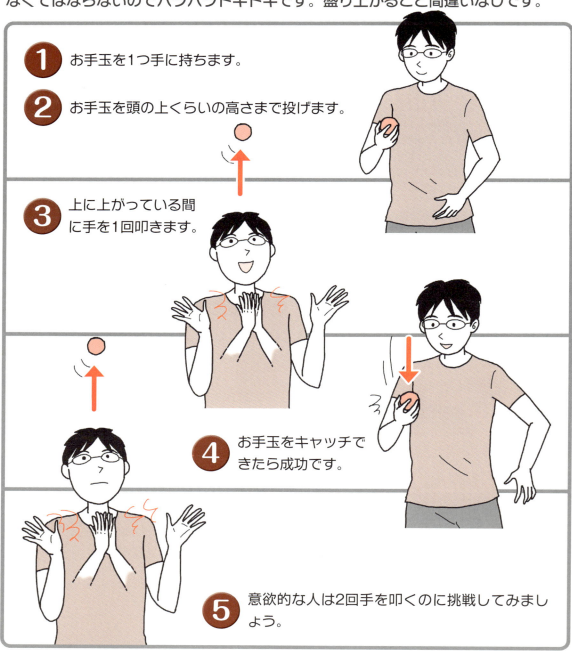

1. お手玉を1つ手に持ちます。
2. お手玉を頭の上くらいの高さまで投げます。
3. 上に上がっている間に手を1回叩きます。
4. お手玉をキャッチできたら成功です。
5. 意欲的な人は2回手を叩くのに挑戦してみましょう。

POINT 手を叩くのに夢中になってお手玉を見失わないように、しっかりお手玉を見るのが成功のコツです。何回手を叩けるか参加者同士で競争するゲームにしても盛り上がるでしょう。

4 1人でも楽しめるお手玉その4

必要な物　お手玉×1

ひじに当ててキャッチ

今度はひじにお手玉を当ててキャッチしてみましょう。ひじに当てるときにお手玉がどの方向にはじけるか考えながらやるのがコツです。

① お手玉を右手に持ちます。左手は前腕を立てておきます。

② お手玉を左手のひじに向かって投げます。

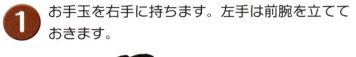

③ 左手のひじでお手玉をはじきます。

④ 右手でお手玉をキャッチできれば成功です。

⑤ 今度は、お手玉を左手に持ち、右手のひじに当ててみましょう。

 上手くいかないときは、ひじに当てるときの向き、お手玉を投げるときの力加減を調整してみましょう。ひじだけでなく、おでこやひざなど、体のいろいろなところに当ててキャッチするのも楽しいです。

5 1人でも楽しめるお手玉その5

必要な物 お手玉×1

頭でバランス

子どものころのような遊び心を思い出して、頭の上に載せてバランスをとってみましょう。身体感覚が鋭くなる効果も期待できます。

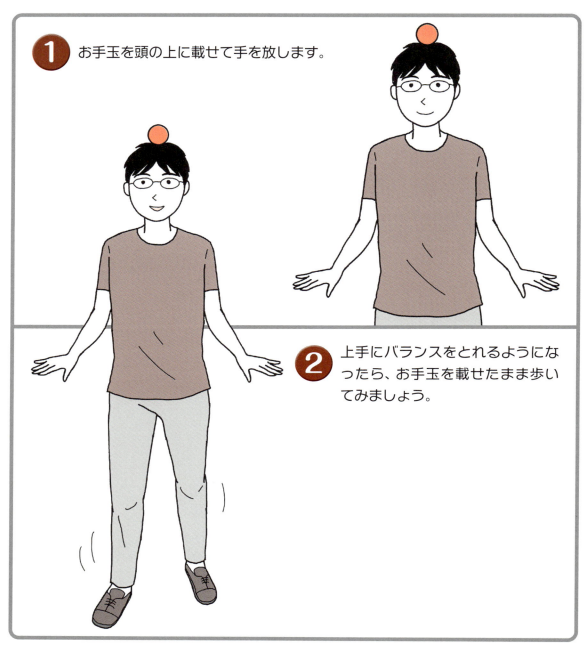

① お手玉を頭の上に載せて手を放します。

② 上手にバランスをとれるようになったら、お手玉を載せたまま歩いてみましょう。

POINT → お手玉が載りやすいところと載りにくいところがあります。どこに載せれば止まりやすいか探してみましょう。みなさんが頭の上に載せることができたら、その状態で何メートル歩けるか競争するゲームをしても楽しいです。

6 1人でも楽しめるお手玉その6

必要な物　お手玉×1

頭から落としてキャッチ

お手玉を頭の上に載せることができたら、今度は頭から落としてキャッチしてみましょう。お手玉が見えないのでドキドキしますよ。

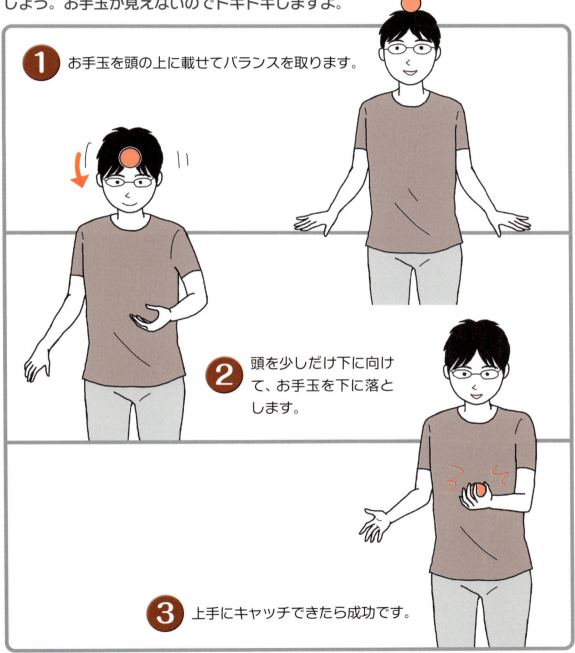

① お手玉を頭の上に載せてバランスを取ります。

② 頭を少しだけ下に向けて、お手玉を下に落とします。

③ 上手にキャッチできたら成功です。

POINT 最初お手玉が視界に入らないので、身体感覚を研ぎ澄ませることが成功の秘訣になります。上手くいかないときは、頭の動かし方を変えてみましょう。

7 1人でも楽しめるお手玉その7
背中でキャッチ

必要な物　お手玉×1

1個のお手玉では最高難度の技になります。難しいですが一度挑戦してみてください。

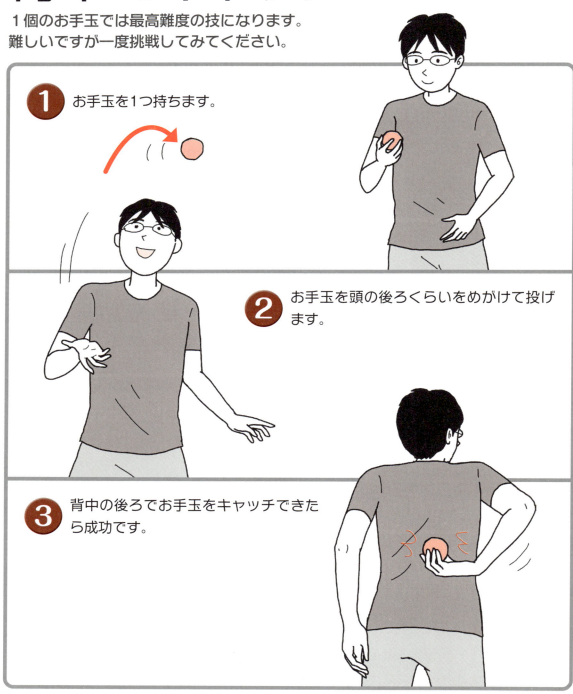

① お手玉を1つ持ちます。

② お手玉を頭の後ろくらいをめがけて投げます。

③ 背中の後ろでお手玉をキャッチできたら成功です。

お手玉を投げるときには、真後ろに投げるのではなく、頭の少し上をめがけてゆっくり投げるようにします。肩やひじの関節に負担のかかる運動ですので、関節の良くない方は無理をしないでください。

8 1人でも楽しめるお手玉その8　　必要な物　お手玉×1、紙コップ×1

紙コップでキャッチ

今度は道具も使ってお手玉遊びをしてみましょう。紙コップでお手玉を投げてキャッチします。手で投げるのと違い、どこへ飛ぶかわからないのでハラハラドキドキです。

① 紙コップ1つとお手玉を1つ用意します。

② 紙コップにお手玉を入れ、お手玉を投げてキャッチします。

③ 意欲的な方は、コップを逆さにしてキャッチするのに挑戦しても良いでしょう。

POINT 何回連続でキャッチできるか、ゲーム形式にするのも面白いでしょう。また、集団でキャッチボールの要領で投げ渡しをするゲームにすることもできます。さまざまなアレンジを加えてみましょう。

⑨ 1人でも楽しめるお手玉その9

必要な物 お手玉×1 卓球のラケット×1

お手玉でフライパン返し

ラケットを使ってお手玉を打ち返します。
シンプルな遊びですが、全身運動の効果を期待できます。

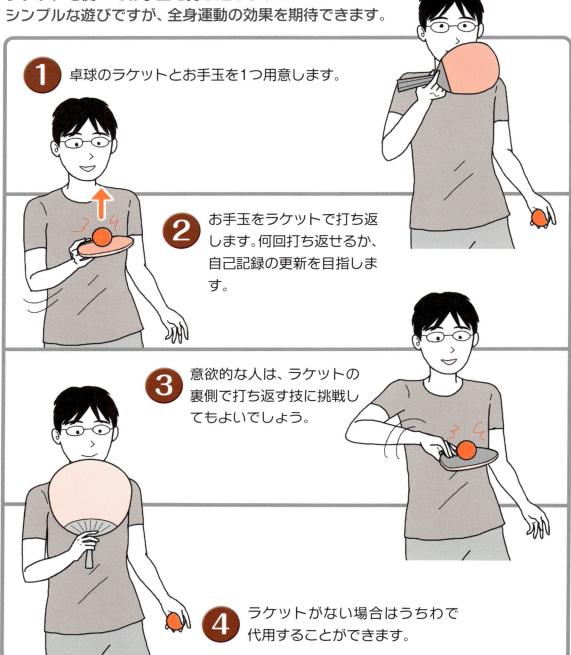

① 卓球のラケットとお手玉を1つ用意します。

② お手玉をラケットで打ち返します。何回打ち返せるか、自己記録の更新を目指します。

③ 意欲的な人は、ラケットの裏側で打ち返す技に挑戦してもよいでしょう。

④ ラケットがない場合はうちわで代用することができます。

POINT 意外と遠くまでお手玉が飛んでいく場合もありますので、周りに人がいないか注意して行いましょう。回数の記録を競うゲームにしても楽しいです。

10 両手で2個同時投げ

1人でも楽しめるお手玉その10

必要な物　お手玉×2

1個でさまざまな投げ方ができるようになったら、2個同時投げに挑戦してみましょう。

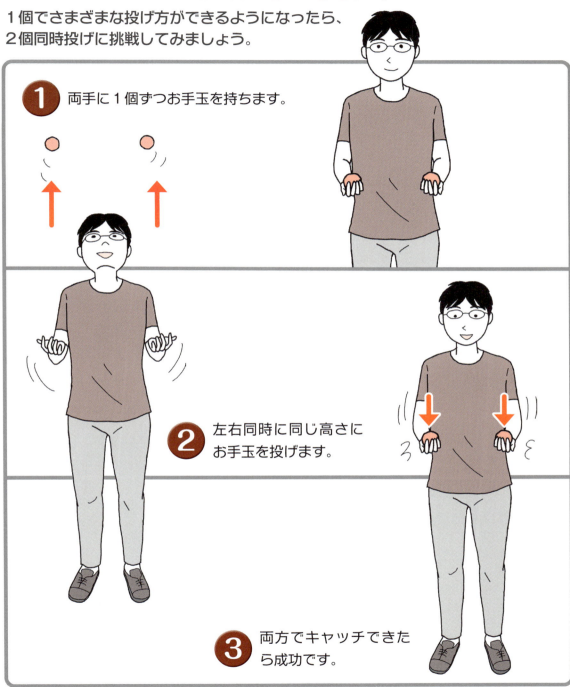

① 両手に1個ずつお手玉を持ちます。

② 左右同時に同じ高さにお手玉を投げます。

③ 両方でキャッチできたら成功です。

POINT 片方のお手玉だけを目で追いかけてしまうと、両方をキャッチすることができません。視野を広く持つようにすることが成功のコツです。左右の高さが揃うように力加減を調整することも大切です。

11 片手で2個同時投げ

1人でも楽しめるお手玉その11

必要な物 お手玉×2

今度は片手で2個同時に投げてみましょう。なかなか難しいですが、できたときの達成感も大きいです。

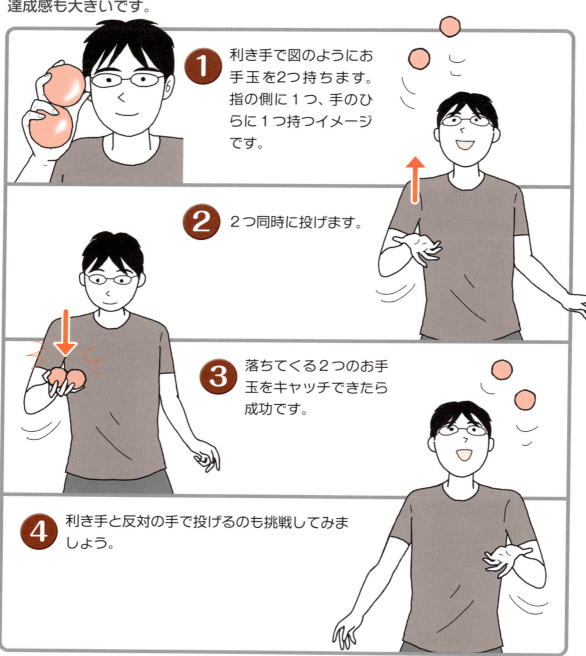

① 利き手で図のようにお手玉を2つ持ちます。指の側に1つ、手のひらに1つ持つイメージです。

② 2つ同時に投げます。

③ 落ちてくる2つのお手玉をキャッチできたら成功です。

④ 利き手と反対の手で投げるのも挑戦してみましょう。

POINT 2個のお手玉を真上に投げることが成功へのポイントです。難しいので何回か挑戦してみましょう。なるべく小さめのお手玉を使った方が投げやすいです。

2個でザ・お手玉

12 1人でも楽しめるお手玉その12

必要な物　お手玉×2

日本人がお手玉と言ったらこの投げ方を思い出すという投げ方に挑戦してみましょう。高齢者の方が昔を思い出して会話も弾むかもしれません。

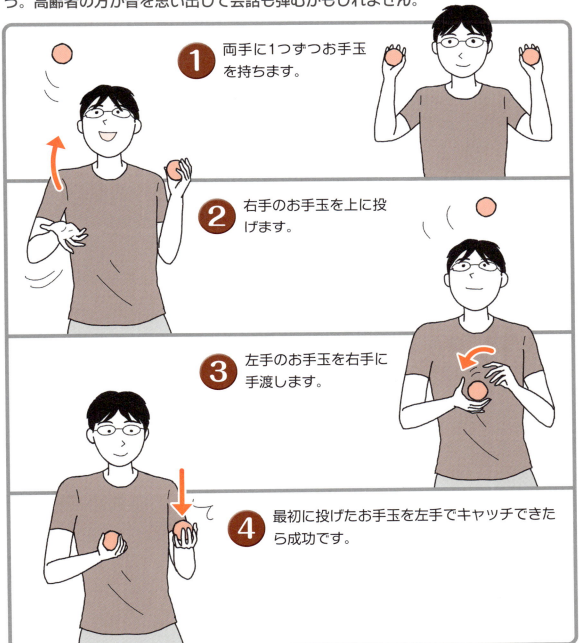

1. 両手に1つずつお手玉を持ちます。
2. 右手のお手玉を上に投げます。
3. 左手のお手玉を右手に手渡します。
4. 最初に投げたお手玉を左手でキャッチできたら成功です。

POINT うまく行ったら連続でやってみましょう。高さを変えたりスピードを変えてみると感触が変わって楽しいです。意欲的な人は左と右を逆にして挑戦してみてもよいでしょう。

13 2人で楽しめるお手玉その1

必要な物 お手玉×2

向かい合ってキャッチ

2人で向かい合って相手の投げたお手玉をキャッチします。コミュニケーションを取りながら息を合わせて成功させましょう。

① 2人で向かい合って座ります。片方の人がお手玉を1つ持ち、もう片方の人に投げます。

② もう片方の人がキャッチすることができたら成功です。

③ 1個ができたら2個同時に投げるのに挑戦してみましょう。

POINT 投げる人とキャッチする人は交代しながらやりましょう。成功するポイントは、相手のキャッチしやすいところへ投げることです。相手を思いやり、コミュニケーションを取りながら進めましょう。

14 2人で楽しめるお手玉その2
お手玉でホールインワン

必要な物 お手玉×1、大きめの段ボール（広げたもの）×1、カッターナイフ×1

2人で協力しながら穴にめがけてお手玉を転がすゲームです。コミュニケーションを生み出す効果を期待できるゲームです。

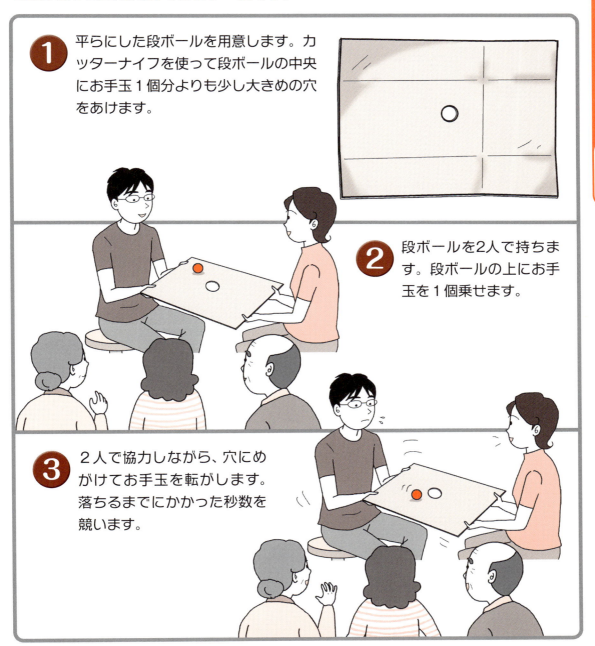

① 平らにした段ボールを用意します。カッターナイフを使って段ボールの中央にお手玉1個分よりも少し大きめの穴をあけます。

② 段ボールを2人で持ちます。段ボールの上にお手玉を1個乗せます。

③ 2人で協力しながら、穴にめがけてお手玉を転がします。落ちるまでにかかった秒数を競います。

POINT 2人がいかに協力できるかがこのゲームのポイントです。レクリエーションの進行係の人が指示を出しながら応援してあげるようにすると、会場全体が盛り上がるでしょう。

15 みんなで楽しめるお手玉その1

必要な物 お手玉×5、空き箱×1

箱に何個入るか競争

お手玉は集団レクリエーションにも使えます。5個のお手玉を箱に向かって投げて、何個入るか競うゲームです。とても単純なゲームですが、だからこそ白熱します。

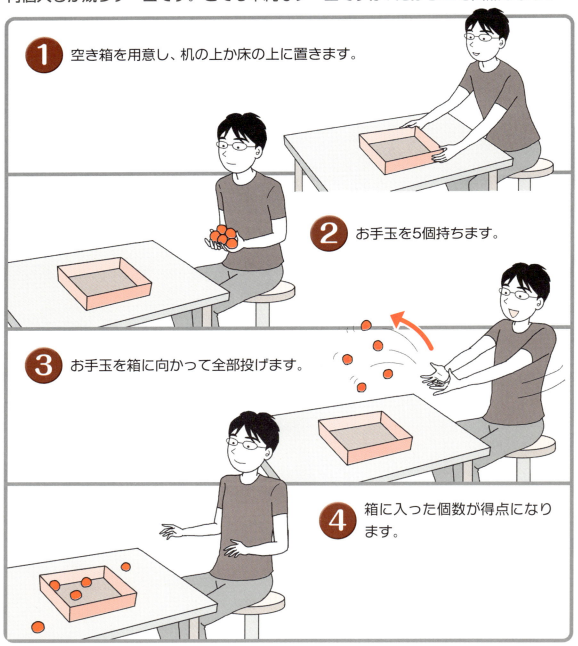

① 空き箱を用意し、机の上か床の上に置きます。

② お手玉を5個持ちます。

③ お手玉を箱に向かって全部投げます。

④ 箱に入った個数が得点になります。

POINT 投げる動作が得意な人と苦手な人を均等に分けてチーム対抗戦にすると全員が楽しめます。1回に投げるお手玉の個数を変えても構いません。何個投げても自由というルールにしてみると、何個投げるかで参加者の個性が垣間見えます。

16 みんなで楽しめるお手玉その2
お手玉で的当てゲーム

必要な物　お手玉×1、大きな模造紙×1

遠くの的に向かってお手玉を投げて、得点を競います。白熱したゲームになることでしょう。

❶ 大きな模造紙を使って、図のような得点盤を作ります。

❷ 得点盤を机の上か床の上に置きます。

❸ イスに座ってお手玉を1個持ちます。

❹ お手玉を得点盤めがけて投げます。
お手玉が止まったところが得点になります。
（枠外は0点）

POINT　「箱に何個入るか競争」と同様に、投げる動作の得意な人と苦手な人を均等に分けてチーム対抗戦にすると、どの方もより楽しめるようになります。2回戦、3回戦を行うときは得点盤の向きや距離を変えるのも面白いです。

17 みんなで楽しめるお手玉その3
お手玉でビンゴゲーム

必要な物 お手玉×9、大きな模造紙

ビンゴゲームからヒントを得た、タテ・ヨコ・斜めが揃ったら得点になるお手玉投げゲームです。

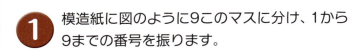

1 模造紙に図のように9このマスに分け、1から9までの番号を振ります。

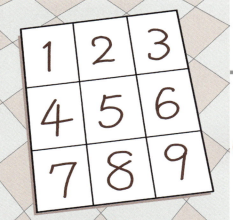

2 模造紙を机の上か床の上に置きます。

3 模造紙に向かってお手玉を投げます。1人最高9投することができます。

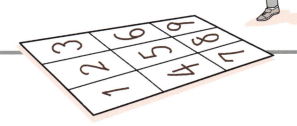

↓斜めが2列揃ったので（左上から右下1＋5＋9）と、（右上から左下3＋5＋7）の合計で30点になります

4 9投が終わった時点で、できた列の数が得点になります。

投げる動作の得意な人と苦手な人がいる場合は、チームに分けて対抗戦をしても良いでしょう。司会の人が「リーチです」、「9番に投げればダブルビンゴです」と上手に実況することで、盛り上がりも倍増します。

18 お手玉でつみき崩し

みんなで楽しめるお手玉その4

必要な物　お手玉×1、トイレットペーパー×5

お手玉を投げてつみきを崩すゲームです。安全のため、実際にはつみきではなくトイレットペーパーを用います。

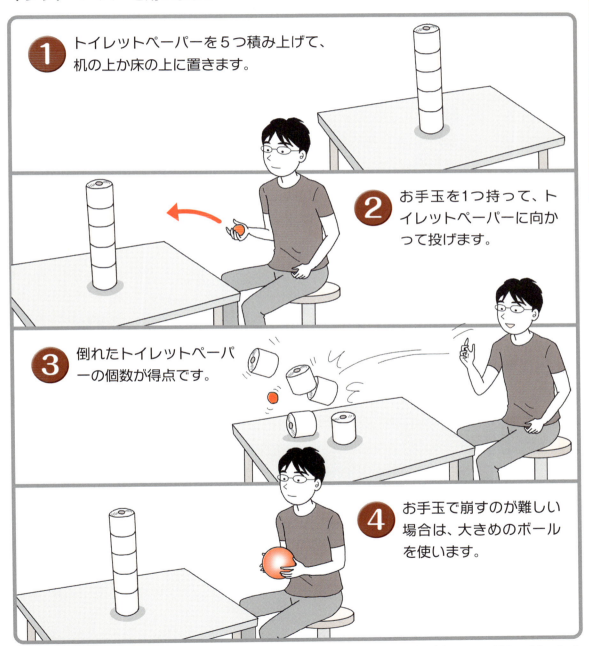

① トイレットペーパーを5つ積み上げて、机の上か床の上に置きます。

② お手玉を1つ持って、トイレットペーパーに向かって投げます。

③ 倒れたトイレットペーパーの個数が得点です。

④ お手玉で崩すのが難しい場合は、大きめのボールを使います。

POINT トイレットペーパーの何段目を狙うかによって得点が変わるのがこのゲームのポイントです。その点をしっかり押さえて上手に盛り上げましょう。距離を変えてハンディをつけてもよいです。

19 みんなで楽しめるお手玉その5

必要な物 お手玉×30、マジック×1

お手玉でお山崩し

お手玉を使って山を崩すゲームをします。子ども心に返ってハラハラドキドキすること間違いなしです。

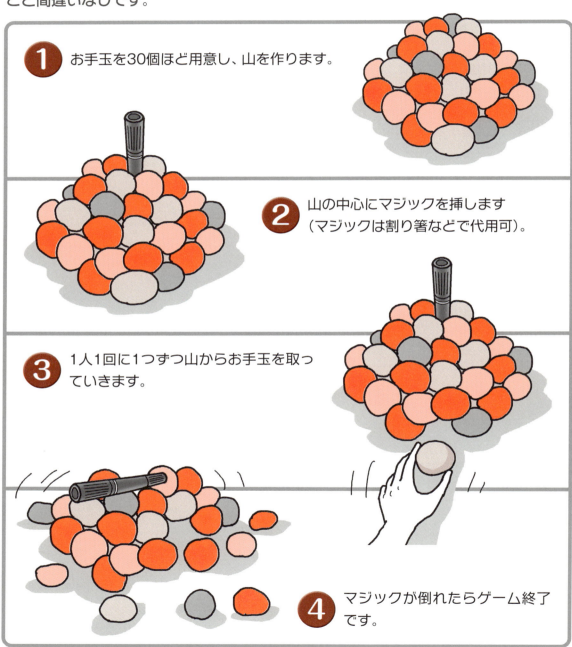

① お手玉を30個ほど用意し、山を作ります。

② 山の中心にマジックを挿します（マジックは割り箸などで代用可）。

③ 1人1回に1つずつ山からお手玉を取っていきます。

④ マジックが倒れたらゲーム終了です。

POINT マジックを倒してしまった人は罰ゲームで歌を歌うなどのルールを決めるとハラハラドキドキで盛り上がります。そのような罰ゲームが苦手な人がいる場合は、チーム対抗戦にしてもよいでしょう。

第7章

他にもまだある。
簡単
レクリエーション

簡単にできるレクリエーションはまだまだあります

　ここまでさまざまなレクリエーションのアイデアを紹介してきましたが、他にも簡単にできるレクリエーションはたくさんあります。この章では、大道芸やパフォーマンスでよく見かけるマジックや一発芸を高齢者向けにやさしくアレンジしたものを中心に、笑って楽しめるレクリエーションを紹介します。

マジックは実演するだけでも、一緒に練習しても楽しい

　この章の前半では、1、2回の練習でだれでもできるマジックを紹介しています。マジックは施設の職員さんが高齢者のみなさんの前で披露するだけで十分楽しいですが、せっかくならば高齢者のみなさんと一緒に練習してミニマジック発表会を開いてみましょう。高齢者のみなさんが実際に手を動かせば、ちょっとした手先の訓練にもなります。また、人前でドキドキしたり成功して嬉しいといった気持ちを体験することもとてもよいことです。ただ、施設の外の人にはタネは秘密にしておいてくださいね。

皆でワイワイ楽しめるのが一発芸の魅力

　この章の後半では、一発芸をやさしくアレンジしたものや簡単なゲームを紹介しています。いずれもほんの少しの練習でできるものばかりです。みなさんでワイワイ楽しんでください。上手にできるようになったら、発表会を開いてみるのも一興です。人前でちょっとドキドキするのは、ただやってみるのとはまた違う楽しさがあります。発表会をするときには、施設の職員さんは高齢者の方が成功しても失敗しても、どちらでも気楽に楽しんでいいと感じてもらえるような雰囲気を演出できるよう心がけてください。

1 簡単マジックレクリエーションその1

必要な物：割りばし×2、輪ゴム×1、長袖の服

浮かぶ割りばし

マジックを使ったレクリエーションの最初に、宴会芸ではおなじみのこのマジックを紹介します。大爆笑間違いなしですので、ぜひ覚えてください。

現象

① 右手に割りばしを握っています。

② 手を広げると割りばしが浮かんでいます。

タネ明かし

裏側から見ると、別の割りばしで浮いている割りばしを支えています。

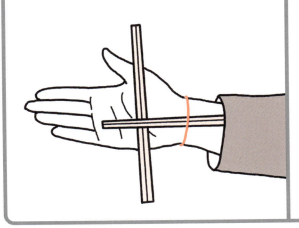

セッティングとコツ

① 輪ゴムで固定します。
② 輪ゴムが見えないように、長袖の服を着て隠します。
③ 浮かせる割りばしを手ともう1本の割りばしの間に挟みます。後は「現象」のところと同じように演じてください。

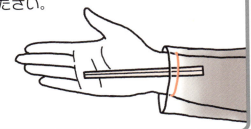

POINT マジックの演じ方次第でコミカルにもシリアスにもなります。みなさんで演技発表会をして、それぞれの個性的な演技を楽しんでください。

2 簡単マジックレクリエーションその2

必要な物　ボールペン×1、エリのある服

消えるボールペン

今度は物が消える現象に挑戦してみましょう。
とても簡単ですが驚きも大きいこちらのマジックを紹介します。

現象

❶ 右手にボールペンを持ち、「ここにボールペンがあります」と言って、広げた左手の上でボールペンを見せます。

❷ 「手のひらに注目してください」と言って、左手を広げたまま、右手を振りかざします。

❸ 「3・2・1」と言って右手を再び出すと、ボールペンが消えています。

タネ明かし

右手を振りかざした時に、洋服のエリにボールペンを差しています。

セッティングとコツ

❶ セッティングはとくに必要ありません。
❷ お客さんの視線が手のひらに集中するように言葉で上手に仕向けてください。

POINT このマジックは、お客さんの視線を手のひらに集中させられるかどうかで印象が大きく変わります。みなさんで練習しながら、どうすればうまくいくか研究してみてください。

3 簡単マジックレクリエーションその3

必要な物 トランプ×1

エレベーターカード

真ん中に入れたトランプがおまじないをかけると一番上に上がってくるマジックは、カードマジックの定番中の定番です。とても簡単にできる方法を紹介します。

現象

① 「ここにクイーンとキングがあります」と言って、黒のマークのクイーンとキングを見せます。

② 「1枚ずつ真ん中に入れます」と言って、トランプの山の真ん中に入れます。

③ 「エイッとおまじないをかけます」と言って、カードをはじく仕草をします。

④ 「いつの間にかクイーンとキングが一番上に上がってきました」と言って、上からカードを2枚とって表を向けると、先ほどの黒のマークのクイーンとキングが出てきます。

タネ明かし

実は、最初に見せたカードと最後に見せたカードは全然違うトランプです。最初に見せたのは、スペードのクイーンとクラブのキングですが、最後に見せたのは、クラブのクイーンとスペードのキングです。よく見ないとマークの組み合わせの違いに気づかない点をついたマジックです。

セッティングとコツ

❶ トランプを上から、スペードのクイーン、クラブのキング、クラブのクイーン、スペードのキングの順に予め並べておきます。
❷ 最初に一番上のスペードのクイーン、クラブのキングをお客さんに見せます。後は「現象」の部分で書いた通りに演じましょう。
❸ タネがばれないように「クイーンとキングがあります」と言うようにします。マークについては何も言わないようにしましょう。

POINT こんなことでお客さんは不思議に思うのかと疑念を持つ方もいるかもしれませんが、堂々と演技すれば不思議に思ってくれます。自信を持って演技をしてください。

4 簡単マジックレクリエーションその4

必要な物 トランプ×1

裏返るトランプ

おまじないをかけると一枚だけカードが裏返ります。一見失敗したかと思いきや、最後に成功させる不思議度倍増のマジックです。簡単ですのでぜひ覚えてください。

現象

❶ 「トランプを切っていきますので、好きなところでストップと言ってください」と言ってトランプを切っていきます。お客さんがストップと言います。

❷ 止まったところのトランプを1枚とって覚えてもらいます。ここではクラブの10だとします。

❸ 覚えてもらったトランプを元に戻してもらいます。

④ 「エイ」とおまじないをかけます。

⑤ トランプを広げます。1枚だけ裏返っています（ハートの7）。

⑥ 「あなたが覚えたのはこれですね」と言って、ハートの7を見せますが、「違う」という反応になります。

⑦ 「実はわざと失敗しました。ここに7と書いてあるので、このハートの7から7枚数えます」と言って、7枚カードを数えます。

❽ 「この7枚目のカードがあなたの覚えたカードです」と言って、7枚目のカードをめくると、お客さんが選んだカード（クラブの10）です。

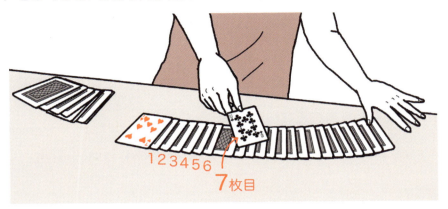

タネ明かし

ハートの7をトランプの下から7枚目に裏返しにして予め入れてあります。

セッティングとコツ

❶ ハートの7（7であればハート以外でも構いません）を下から7枚目に裏返して入れておきます。準備はこれだけです。

❷ トランプを切ってストップと言ってもらい、左手の一番上のトランプを引いてもらいます。この時点で、上半分のトランプが左手に、下半分のトランプが右手に来ている状態になります。トランプを覚えてもらったら、ストップと言った時と同じ場所（左手のトランプの一番上）に戻してもらいます。そして、右手のトランプを左手のトランプの上に載せます。このようにすると、ハートの7から数えて7枚目に覚えてもらったトランプが来るようになります。

> **POINT** 一度失敗したように見せることで驚きを大きくする技法をサッカートリックと言って、プロもよく使う技法です。数回の練習でプロの技を身につけられます。

5 一発芸レクリエーションその1

必要な物 新聞（朝刊1日分）×1、セロテープ

真剣白刃取り

日本の一発芸と言えば真剣白刃取りを思い浮かべる方も多いと思います。白刃取りをとてもやさしくアレンジしたゲームを紹介します。

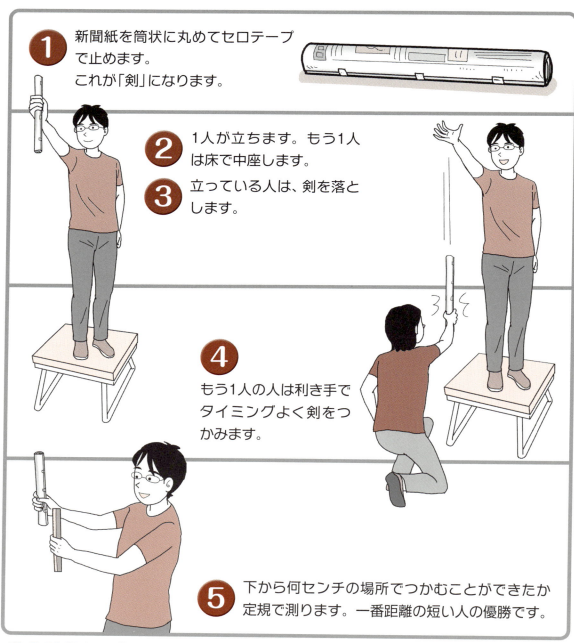

① 新聞紙を筒状に丸めてセロテープで止めます。これが「剣」になります。

② 1人が立ちます。もう1人は床で中座します。

③ 立っている人は、剣を落とします。

④ もう1人の人は利き手でタイミングよく剣をつかみます。

⑤ 下から何センチの場所でつかむことができたか定規で測ります。一番距離の短い人の優勝です。

POINT 物をつかんだり握ったりする動作が苦手な人には、剣を落とす役をお願いするといいでしょう。2人の呼吸が大事ですので、よくコミュニケーションを取ってください。

6 一発芸レクリエーションその2

サイコロ積み

必要な物 サイコロ×約20、紙コップ

筒を使ってサイコロを一瞬で積み上げるダイススタッキングという芸があります。ダイススタッキングをモチーフにした楽しく遊べるゲームを紹介します。

① 紙コップとサイコロを約20個用意します。

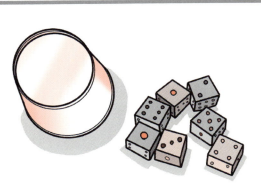

② 紙コップをひっくり返して床に置き、その上にサイコロを1つ置きます。

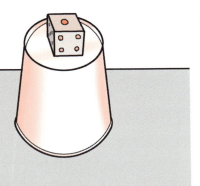

③ 1人1個ずつサイコロを上に積んでいきます。

④ 積み上げたサイコロが崩れてしまったらゲーム終了です。崩した人の直前の人の優勝です。

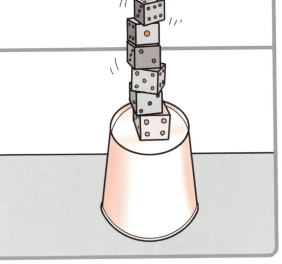

 サイコロは少し大きめのものを使うとよいでしょう。少し大きめのサイコロはジャグリング専門店やおもちゃ屋で購入することができます。

7 一発芸レクリエーションその3

必要な物 キッチンタイマー×1

10秒当てゲーム

芸と言えばふつうはいかに速くできるか時間を競うものですが、正確に時間を測れるか競ってみるのはどうでしょうか？ シンプルな時間当てゲームを紹介します。

① キッチンタイマーを10秒にセットします。

② 時間を測る役の人を1人決めます。この役は施設の職員さんがやるのがよいでしょう。

③ 時間を測る役の人は「ヨーイドン」と言って、キッチンタイマーのスタートボタンを押します。

④ 参加者の方は、10秒たったと思ったら手を上げます。キッチンタイマーの音が鳴ってから手を上げたらドボンです。10秒に一番近い人の優勝です。

 10秒測るのを何回かやってみてみなさんが感覚をつかめたら、20秒や30秒など時間を変えてみましょう。シンプルだからこそ盛り上がりますよ。

8 一発芸レクリエーションその4

必要な物 大きめの布もしくは新聞紙×1、ペットボトル×1

テーブルクロス引き

一発芸と言えば真っ先に思いつくテーブルクロス引きに挑戦します。ちょっと難しいですが、熱中しますよ。

① 大きめの布を用意します。大きめの布をテーブルに引いて、その上にペットボトル飲料を置きます。布の代わりに新聞紙を用いてもかまいません。

② 布の端を両手でもちます。

③ 布を勢いよく引っ張ります。上のペットボトルが倒れなければ成功です。

POINT 布を勢いよく引っ張ると成功します。少し難しいので何回かチャレンジしてみましょう。

⑨ 一発芸レクリエーションその5

必要な物 ふとんたたき×1

ふとんたたきでバランス芸

大道芸でさまざまな物を頭に乗せてバランスを取る芸を見たことがある方も多いと思います。ふとんたたきを使って簡単バランス芸に挑戦してみましょう。

① ふとんたたきを左手で持ち、右手の手のひらの上に置きます。

② 左手を離して、右の手のひらでバランスを取ります。

③ 手のひらで物足りない人は、人差し指でバランスを取ってみましょう。

④ ふとんたたきで難しすぎる場合は、ペットボトルに代えてみましょう。

POINT 手のひらではなく、ふとんたたきの上の方を見るようにすると成功しやすくなります。ぶつかると危険なので周囲に人がいないか十分注意してください。

10 一発芸レクリエーションその6

必要な物 皿回し用の皿と棒×1

皿回し

宴会芸、一発芸と言えばおなじみの皿回しに挑戦します。意外と簡単にできますので、道具をそろえてみてください。

① 皿回しの皿と棒を用意します。市販の皿でもできますが、専用の皿を購入することをおすすめします。専用の皿はおもちゃ屋やホビーショップなどで買うことができます。

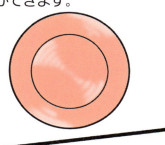

② 右手で棒を持ちます。皿を上に乗せ、左手で回転をかけます。

③ さらに回転がついたら手を放します。何秒間落とさずに回せるか数えてみてください。

④ 上手な人はそのまま右手の手のひらでバランスする芸に挑戦してみましょう。

POINT 市販の皿で代用するときは、割れない素材で、底にくぼみがあるものを使用します。陶器の皿は非常に危険ですので使用しないでください。皿回しのコツは回転をたくさんつけることです。

11 一発芸レクリエーションその7

必要な物 プラスチック製コップ×6

コップの早積み

コップをピラミッドの形にいかに素早く積めるかを競うカップスタッキングという競技があります。カップスタッキングを高齢者向けにやさしくアレンジしました。

① プラスチック製のコップを6つ用意します。コップは重ねられるものを使用します。

② コップを3つと3つに分けます。

③ 両手を使ってピラミッドの形になるように積んでいきます。

④ 積みあがったら今度は元に戻します。ここまでの速さをみなさんで競いましょう。

⑤ コップ6つで物足りない場合は、コップを10個に増やすこともできます。

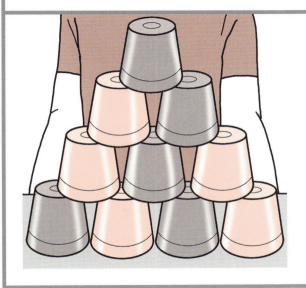

幅1センチの厚紙

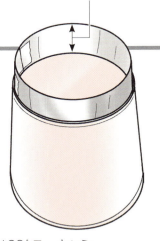

⑥ プラスチック製のコップの代わりに紙コップを使う場合は、そのままだとコップを重ねたときに抜けにくいので、幅1センチの厚紙をコップの底のふちに沿うように巻きつけ、テープで固定します。

※参考文献 『レクリエーション介護士2級講座介護レクアイデア100』ユーキャン

POINT コップをどのように積めばスピードアップできるか、みなさんで話し合ってみてください。ああでもない、こうでもないと考えている時間も楽しいですよ。

●著者プロフィール

大道芸人 たっきゅうさん

本名　田久 朋寛（たきゅう　ともひろ）

1979年生まれ。千葉県立船橋高校を卒業後、京都大学経済学部、大学院人間・環境学研究科へと進み、卒業後プロの大道芸人になる。高度なジャグリングと抱腹絶倒のトークをメインとしたコメディーショーを行い、全国を駆け巡っている。NPO法人「スマイリングホスピタルジャパン」の地区コーディネーターとして、長期入院する子どもたちに笑いを届ける活動を行っている。また、老人介護施設への訪問を積極的に行っており、笑いと健康に関する小噺を取り入れた講演が好評。

連絡先　090-1956-5936

http://takyu.jp/

協力／株式会社耕事務所
カバーデザイン／上筋英彌（アップライン）
本文デザイン／石川妙子
本文イラスト／山下幸子

笑って楽しい！高齢者レクリエーション

2016年11月18日　第1刷発行

著　　者　　たっきゅうさん

発 行 者　　東島俊一

発 行 所　　**株式会社 法 研**
　　　　　　東京都中央区銀座1-10-1（〒104-8104）
　　　　　　販売03(3562)7671／編集03(3562)7674
　　　　　　http://www.sociohealth.co.jp

印刷・製本　　研友社印刷株式会社

0102

小社は㈱法研を核に「SOCIO HEALTH GROUP」を構成し、相互のネットワークにより、"社会保障及び健康に関する情報の社会的価値創造"を事業領域としています。その一環としての小社の出版事業にご注目ください。

©Takkyu san 2016 printed in Japan
ISBN 978-4-86513-302-8　定価はカバーに表示してあります。
乱丁本・落丁本は小社出版事業課あてにお送りください。
送料小社負担にてお取り替えいたします。

〈JCOPY〈(社)出版者著作権管理機構　委託出版物〉
本書の無断複製は著作権法上での例外を除き禁じられています。複製される場合は、そのつど事前に、(社)出版者著作権管理機構（電話 03-3513-6969、FAX 03-3513-6979、e-mail：info@jcopy.or.jp）の許諾を得てください。